大家小书

金石丛话

施蛰存 著

北京出版集团
北京出版社

图书在版编目（CIP）数据

金石丛话 / 施蛰存著. -- 北京 ：北京出版社，2020. 10

（大家小书）

ISBN 978-7-200-13143-7

Ⅰ. ①金… Ⅱ. ①施… Ⅲ. ①金石学—通俗读物 Ⅳ. ① K87-49

中国版本图书馆 CIP 数据核字（2017）第 166148 号

总 策 划：安　东　高立志　　项目统筹：高立志
责任编辑：王忠波　吴剑文　　责任印制：陈冬梅
装帧设计：金　山

·大家小书·

金石丛话

JINSHI CONGHUA

施蛰存　著

出　　版　北京出版集团
　　　　　北 京 出 版 社
地　　址　北京北三环中路 6 号
邮　　编　100120
网　　址　www.bph.com.cn
总 发 行　北京出版集团
印　　刷　北京华联印刷有限公司
经　　销　新华书店
开　　本　880 毫米 ×1230 毫米　1/32
印　　张　5.125
字　　数　90 千字
版　　次　2020 年 10 月第 1 版
印　　次　2020 年 10 月第 1 次印刷
书　　号　ISBN 978-7-200-13143-7
定　　价　39.00 元

总　　序

袁行霈

“大家小书”，是一个很俏皮的名称。此所谓“大家”，包括两方面的含义：一、书的作者是大家；二、书是写给大家看的，是大家的读物。所谓“小书”者，只是就其篇幅而言，篇幅显得小一些罢了。若论学术性则不但不轻，有些倒是相当重。其实，篇幅大小也是相对的，一部书十万字，在今天的印刷条件下，似乎算小书，若在老子、孔子的时代，又何尝就小呢？

编辑这套丛书，有一个用意就是节省读者的时间，让读者在较短的时间内获得较多的知识。在信息爆炸的时代，人们要学的东西太多了。补习，遂成为经常的需要。如果不善于补习，东抓一把，西抓一把，今天补这，明天补那，效果未必很好。如果把读书当成吃补药，还会失去读书时应有的那份从容和快乐。这套丛书每本的篇幅都小，读者即使细细地阅读慢慢地体味，也花不了多少时间，可以充分享受读书的乐趣。如果把它们当成补药来吃也行，剂量小，吃起来方便，消化起来也容易。

我们还有一个用意，就是想做一点文化积累的工作。把那些经过时间考验的、读者认同的著作，搜集到一起印刷出版，使之不至于泯没。有些书曾经畅销一时，但现在已经不容易得到；有些书当时或许没有引起很多人注意，但时间证明它们价值不菲。这两类书都需要挖掘出来，让它们重现光芒。科技类的图书偏重实用，一过时就不会有太多读者了，除了研究科技史的人还要用到之外。人文科学则不然，有许多书是常读常新的。然而，这套丛书也不都是旧书的重版，我们也想请一些著名的学者新写一些学术性和普及性兼备的小书，以满足读者日益增长的需求。

“大家小书”的开本不大，读者可以揣进衣兜里，随时随地掏出来读上几页。在路边等人的时候，在排队买戏票的时候，在车上、在公园里，都可以读。这样的读者多了，会为社会增添一些文化的色彩和学习的气氛，岂不是一件好事吗？

“大家小书”出版在即，出版社同志命我撰序说明原委。既然这套丛书标示书之小，序言当然也应以短小为宜。该说的都说了，就此搁笔吧。

目 录

一 “金石”“文物”“考古”的各自含义

“金石”这个名词，起源很古。《吕氏春秋·求人篇》说夏禹的“功绩铭于金石”。高诱注曰：“金，钟鼎也；石，丰碑也。”可知金石是古人铭刻功绩的素材。钟和鼎是古代青铜器中体积最大的，可以铸刻较长篇的铭文，因此就用“钟鼎”来代表一切青铜器。但这个名词现在不用了，一般已改称为彝器。钟鼎上铸刻的文字，其内容大多是记述功绩的，字体都是小篆以前的大篆，或称籀书。这种文字，从前称为钟鼎文，现在称为金文。

秦以前，还没有刻字纪功的碑石，夏禹的功绩记录在碑石上，我们还没有发现实物。有一个岣嵝铭，据说是夏禹治水时的刻石，这是后人伪托。在现今已发现的彝器中，也还未见颂扬夏禹功绩的铭文。可知《吕氏春秋》这句话，不很可信。有铭刻的彝器，始见于商代晚期，所刻的还只是简单的造器者名字。记述功绩的铭文，在周代的彝器上才逐渐出现。到战国末年，彝器的铸造衰退了，因而也不再有彝铭。

代替金文而兴起的是石刻文。我们现在还保存着的“石鼓文”，是秦国初期的刻石。以后，秦始皇在泰山、峄山等四山刻石，是最早的碑版。从汉代直到清代，两千年间，我们有了大量的石刻，它的内容不但记述政治人物的功绩，还有许多历史和社会史料。

研究金石文字的这门学科，其主要任务：（一）古代语言文字的研究。（二）历史的研究。这门学科，称为“金石学”。宋代的欧阳修，应该被归功为金石学的创始人。

近来，有人认为金石学这个名词太旧，又因为过去的金石学者所用的研究方法不科学、不现代化，于是主张改称为“文物学”或“考古学”。对于这一意见，我们有必要把这三个名词的概念弄清楚。

我国现在有两个刊物：中国社会科学院主办了一个《考古》双月刊，文物出版社主办了一个《文物》月刊。这两个刊物名称不同而内容则差不多，因而有人怀疑这两个名词的含义没有什么不同：考古的对象是文物，文物的研究就是考古。我以为，这个观念是混淆了。

《考古》的英译名是Archaeology，这是国际通用的名词，

欧阳修像

义为考古学。这门学科的研究对象是史前文化，包括人类学、民族学、原始社会学等，主要是探讨史前时期的情况。金石文字、商周史迹之类，严格地说，已不在考古学范围之内。《文物》的英译名是Cultural Relics（文化遗物）。这个名词的含义，较“金石”为广。一切古器物，不论有无铭刻文字，都是研究的对象。金石固不能代表文物，文物也不全是金石。

我不赞同以“文物学”或“考古学”来代替“金石学”，因为这三者的概念各不相同。金石刻文字，外国人称为Inscription，这个词，相当于我们的“款识”。不过款识是专指铜器铭文，不包括石刻文字的。“款识学”这个名词已由清代的徐同柏提出来了，我们如果扩大其含义，则“金石学”不妨改称为“款识学”。但在英语辞典中，我还没有看到Inscriptology这样的词，不知道它已成为“学”没有。

作者附记：

金石文物之学，从欧阳修到岑仲勉，历代都有学者从事研究，在文学、史学或艺术学上做出贡献。新中国成立以来，虽然文物工作者人数猛增，但这门学科却显得冷落。我读青年文物工作者的文章，似乎他们都不熟悉金石学的传统名词术语。有人还杜撰名词，非但不能继承传统，而且还使概念混乱。我为《文史知识》每期写《金石丛话》，自己定了两个目的任务：其一是想引起读者对金石文物的兴趣；其二是想对金石文物的许多传统名词做些介绍和说明，希望青年文物工作者正确沿用。

“丛话”各篇都提起许多金石文物的名称，有些是相承已久的定名，有些不是，故一概不用专名号。仅在初次讲到时用引号标明，以后再见时就不用了。

Inscription　铭刻，铭文，碑文，铸币、图章、勋章上的文字；标题，题词。

二　说碑

许多人以为凡刻有文字的石头都称为碑，这是一个长久以来错误的观念。所谓碑这个东西，本来只是一块大石板，中间上端穿一个圆洞。古人办葬事，把石板直立在墓穴四角上，利用它来扣牢粗大的绳索，慢慢地把棺材放下去。此外，公卿大夫的家门口，也有直立的石头，用来系马，这就是后世的系马桩。宗庙祠堂门前也有石头，用来拴住祭祀用的牺牲。这些石头，总名曰碑。所以《说文》给“碑”字的注解是“竖石也”。汉以前的古书中所有的“碑”字，大多数指的是这种直立的石板。

大约在西汉晚期，有人开始利用这块石板，刻上了文字，记述墓中人的姓名、官位、卒葬年月，就放在墓前，不再撤除。这个东西，称为墓表。现在存有河平三年（前26）八月的《麃孝禹阙铭》，向来研究者都以为是墓阙铭文，我以为其文辞与东汉时盛行的墓阙铭不同，所以我认定它是墓表。

以后，石板上刻的文辞渐渐多起来，详细地记述了墓主的姓名、家世、生平和事业，还加上些颂扬和悼念的诗铭。这样就成为一篇传记，使过路人读了，可详细地知道墓主是何等人物。这块石板，就称为墓碑。墓碑是墓表的发展。从此以后，碑的字义变了。人们以为碑是刻有文字的石板，其不刻文字的，反而不算碑了。

祠堂是子孙纪念祖先，人民纪念好官的建筑物，神庙是信徒群众纪念圣贤神仙的建筑物，在这些建筑物门前的竖石上刻了文字，记述受祭祀者的道行功绩，就称为祠庙碑。

在汉魏时代，人们对于碑的观念，大概只限于墓碑和祠庙碑两种，其共同点是都限于纪念过去的人物，现实的和神话传说中的人物。至于记载其他事物的石刻，一般都不称为碑。因此，民间对于这个“碑”字，有了新的解释。人们以为立碑是表示悲悼。我们在汉碑的铭文中，常常可以观察到这一意义。晋代的民歌里，往往以“含碑”为“含悲”的谐声。《初学记》里便直接说出了“碑，所以悲往事也”。到晚唐的陆龟蒙，更明白地说：“碑者，悲也。”这就把汉魏以来的这个概念确定为“碑”字的释义了。

汉碑《北海相景君铭》有“竖建虎砦”一句，这个“砦”

东汉《北海相景君铭》拓本局部

字，从宋代的洪适到清代的翟云升、翁方纲，都不识得，所有的字典里也都不收。我以为这就是碑的俗体字，它反映了汉代人以悲释碑的观念。这个字如果用《说文》的成例来注解，应当是“从石，悲省声”。虎是指墓前石虎，硙即是墓碑。

汉碑的题额，有用“碑”字的。例如《校官之碑》，是纪念溧阳县县长潘乾建造学宫的；《白石神君碑》是纪念常山相冯巡等为白石山神立祀的功德的。诸如此类的“碑”字，都是指这块石板而言，并不是指其文体。但到了南北朝，这个“碑”字的意义又转而为一种文体名词了。《昭明文选》的目录里有两卷《碑文》。这个类目，倒是经过考虑的。它表示这是一些刻在碑石上的文章，还没有把这种文体称为碑。但其中所收的碑文中，有一篇王简栖的《头陀寺碑》，内容是记述一所佛寺的，这就只能题作《头陀寺铭》而不能题作碑了。韩愈写了一篇文章，颂扬宰相裴度平定淮西藩镇吴元济叛乱的功绩，把这篇文章刻在碑上，而在他的文集中，仍把这篇文章题为《平淮西碑》，因而被宋代的古文家批评，说他以碑为文体，完全是错误了。这个碑是平淮西碑，这篇文章却应该题作《平淮西颂》。

把一切石刻都称为碑，把碑作为文体名词，这两种都是错误的。

东汉《白石神君碑》拓本

三　说帖

现在“碑帖”二字已成为一个语词，一般人总以为它是一个概念。凡是黑纸白字，供给人们临写的书法范本，都称为碑帖。碑帖是一种东西，碑就是帖，帖就是碑。其实，碑和帖是两种东西。

关于碑，我们已解释过，其概念大致已可明确。现在要解释这个“帖”字。从最初意义的帖，演变到碑帖之帖，这中间有几百年的历程。许慎《说文》给“帖”字下的解释是“帛书署也”。这个解释不太好懂，我们参考刘熙《释名》关于“署”字的解释，他说：“书文书检曰署。”清人王启原用现代语译解道：“书文书检者，题文书封面也。”这样，我们才可以了解，凡是题一切文书的封面，就是给它加个标题，称为署。封面是简牍的盖版，古人称为检。如果给帛书加标题，就称为帖。可知署是大名，帖是署的一种。帛书上的标题，大

梁武帝萧衍像

概也是加帖一条织物，故帖字从巾旁。唐代徐浩《古迹记》云：“开元十九年二月，在滑州司法路琦家得王羲之正书扇书一纸，其褾是碧地织成。褾头一行，阔一寸，黄色织成。”云“晋右将军王羲之正书卷第四”。此所谓褾头，即是帖。但徐浩时这个帖的意义已有改变，故称作褾头了。

梁武帝与陶贞白有许多书信来往，讨论书法，其中屡见帖字。陶书有云：“适蒙复给二纸，伏览标帖，皆如圣旨。”又云：“帖注出装者，皆拟赉诸王及朝士。”又云：“臣近见三卷，首帖亦谓久已分本。”梁武帝书中有云：“今始欲令人帖装，未便得付来。”又梁中书侍郎虞龢《论书表》有云：“范晔装治卷帖少胜，犹谓不精。”以上这些帖字，都是在古人墨迹前加题署的意思。从“首帖亦谓久已分本”这一句看来，可知这个题署还说明此墨迹原件已被人分为数本，不是全璧了。

唐武后时，武平一作《徐氏法书记》，记载他见到的几卷王羲之章草书“多于其侧帖以真字楷书”。这是说有人在王羲之草书墨迹的每字旁边用正楷注释。这个“帖”字的用法是前所未见的，但意义还是出于题署。

从齐梁到初唐，都没有把古人墨迹称为帖的。计数单位一般都用纸、卷、帙。例如陶贞白书云：“给事黄门一纸，治廉沥一纸，后又治廉沥狸骨方一纸，右四条非右军书。”梁武帝覆书云："给事黄门二纸为任靖书。"唐初褚遂良抄录其在御府所见王右军墨迹目录，分正书五卷，草书五十八卷，都是取开头数字为目。如正书第四卷的内容为"周公东征十一行，年月日朔小字十四行，尚想黄绮七行，墓田丙舍伍行"。由此可知初唐时还没有给事帖、墓田帖这样的名词。但是，"正书都五卷"这个标题下有小注曰"共四十帖"，而在"草书都五十八卷"下却没有注明帖数。这个"帖"字已从题署的意义演变为计数单位。正书五卷共收右军墨迹十四段，每段有一个题署，故曰十四帖。今本作四十帖，显然是误文。

大历四年（769），窦蒙为其兄暨的《述书赋》作注，详记当时所存魏晋以来名家书迹，大多举其纸数行数，例如记王道子的书迹云："今见具姓名行书一纸，凡七行。"也有用"帖"字的，例如记庾亮的书迹云："今见草书五纸，行帖共八行。具姓名草书又一纸，十一行。"又记王志书迹云："今见具姓名行书三帖共七行。"从这条记录可知三帖不等于三纸，因为总共只有七行字，而分作三帖，则一帖大约即是一段，也就是一个标题。

元和三年（808）卢元卿记录他所见官库中残存的王羲之书迹一卷，有标题曰："晋右将军会稽内史赠金紫光禄大夫琅琊王羲之字逸少书一卷四帖"。又一行曰："贞观十四年三月二十三日臣蔡㧑装”。据此可知，以一段为一帖，贞观时已行用了。

开元十年（722），何延之撰《兰亭记》，叙述李世民遣监察御史萧翼到会稽去，向辩才和尚赚取《兰亭序》墨迹的故事。此文中用帖字，皆与前代不同。如云：“太宗以德政之暇，锐志玩书，临写右军真草书帖，购募备尽。”又曰：“顷得二王杂帖三数通。”又曰：“贫道有一真迹，颇亦殊常。”翼曰：“何帖？”辩才曰：“兰亭。”同时人张怀瓘《书估》有云：“大王草书字直一百，五字乃敌一行行书，三行行书敌一行真正。偏帖则尔，至如乐毅、黄庭、太师箴、画赞等但得成篇，即为国宝，不可计以字数。”据此可知当时以右军零星小札为偏帖，然则乐毅、黄庭等整篇墨迹，应该是正帖了。以上这些“帖”字，已纯然是个名物词，可以给它做一个新的解释：“凡古人名人书法之可以供人临写者，谓之帖。”这样用法的“帖”字，始见于开元或稍早一些，但在太宗高宗朝，肯定还未见。何延之文中所用“帖”字，都不是贞观年间文士的语言。

直到唐末（乾符中），张彦远作《右军书记》，记录了他平生所见王羲之书四百六十五帖的全文。其第一部分就是《十七帖》。张氏有小序云：“十七帖者，以卷首有十七日字故号之。二王书后人亦有取帖内一句稍异者，标为帖名，大

王羲之像

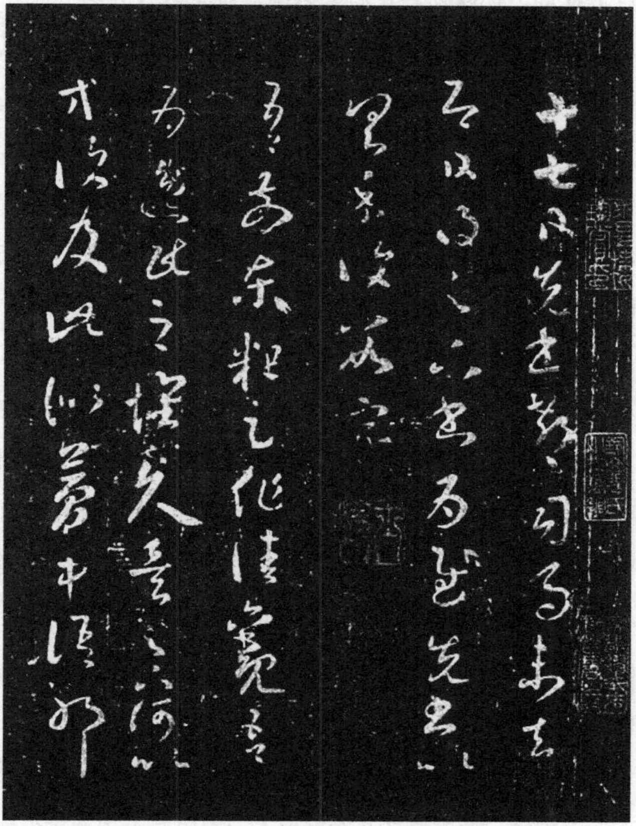

《十七帖》

约多取卷首三两字及帖首三两字也。”这段小序非常重要，它告诉我们，标题帖名是后人之事。我们现在查考“帖”字的用法，开元天宝间正在转变。从何延之的文章中，可以推测《兰亭帖》这个名称当时已成立。到张彦远的记录中，又出现了《十七帖》，可知他所谓“后人”，必指开元天宝以后。

碑是石刻，拓打其文字，以供临写。帖是绢素或纸本的墨迹，响搨（影摹）其文字，以供临写。碑本是黑纸白字，帖本是白纸（或黄纸）黑字。这是唐人所知道的碑帖之分。

响搨是很费功夫的技术，而且从原迹影写出第一个搨本，再从第一个搨本影写出第二个搨本。辗转钩摹势必愈来愈失真。因此，有人仿刻碑的办法，把原迹钩刻在石上。据说唐玄宗李隆基曾把《兰亭序》刻在白玉石上，置于学士院中，打本赐朝臣。至五代石晋时，契丹入侵长安，此石为耶律德光取去。至定州，德光死，此石流落民间，为士人李学究所得。宋初，宋祁官于定州，访得此石，置于公库。于是有拓本流传，所谓《定武兰亭》也。

《兰亭序》的拓本，已是黑纸白字，然而仍称之为《兰亭帖》，于是碑与帖的概念开始混淆了。南唐后主李煜曾汇编古代名家书迹，刻之于石，号称《澄心堂帖》，这是丛帖的创始。这部帖至今已无传本。宋太宗赵炅亦爱好书法，派人访购

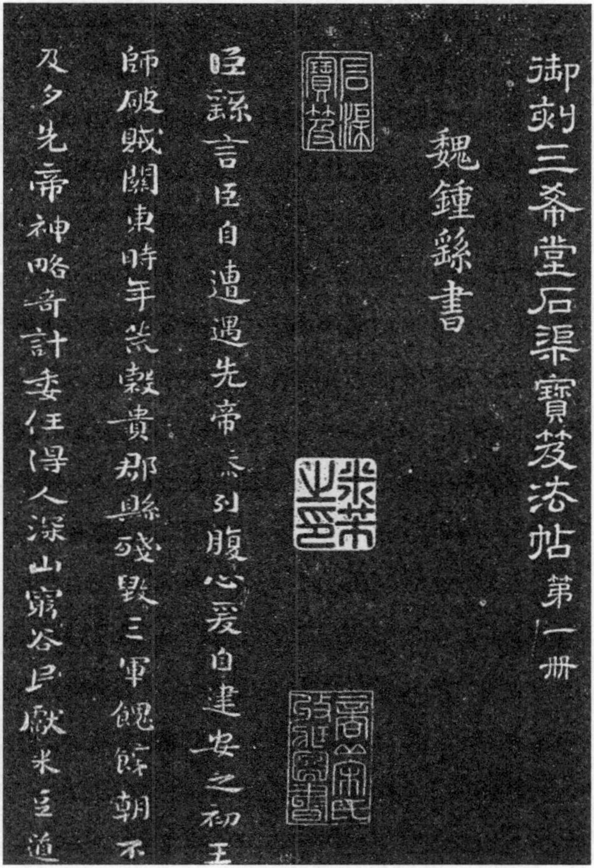

御刻三希堂石渠寶笈法帖第一册
魏鍾繇書
臣繇言臣自遭遇先帝忝列腹心爰自建安之初王
師破賊關東時年荒穀貴郡縣殘毀三軍餽饟朝不
及夕先帝神略奇計委任得人深山窮谷民獻米豆道

《三希堂法帖》

宋《淳化阁帖》所收录作品局部

唐《孔子庙堂碑》拓本局部

流失在民间的历代法书，编为十卷，淳化三年（992）刻于枣木版，秘藏宫阁中，只有宰相大臣才能享受赏赐一部拓本的恩典。这就是现在所谓《淳化阁帖》，简称《阁帖》。从此，历代有人编刻丛帖。明陈眉公刻《晚香堂帖》，董其昌刻《戏鸿堂帖》，清乾隆帝刻《三希堂法帖》，于是“帖”字的意义又有了发展，凡是把许多名家的字迹刻在石上或木版上的，都称为帖。

碑与帖的第一义已经混同了。现在，我们要区别它们，只有寻找别的特征。我们可以说：碑上刻的是传记文，是作为一种历史文献而刻的，并不是为了书法优美，供人临写而刻的，帖则是完全为了书法优美，供人临写而刻的。

这一区别，本来很清楚，一说就懂。但是，由于碑上的字都是当时著名书家所写，刻碑的本意虽然不是为书法，可是到了后世，碑文已失去其作用，而字迹却为学书者所重，实际上这块碑已只有帖的作用了。例如虞世南写的《孔子庙堂碑》，今天我们只重视它的字迹，而不顾这篇文章的内容了。学习书法的人，临写《庙堂碑》，叫作临碑；临写《兰亭序》，叫作临帖，内行人还能做此区别，而一般人则统称为临帖了。非但如此，从宋以来，有许多人干脆把碑也称为帖，例如《石鼓文》和《秦泰山刻石》，都是碑，而秦少游在他的《法帖通解》中却说是《史籀、李斯二帖》。从此碑帖这个名词，几乎成为单一的概念了。

但是，到清代中叶，包世臣作《艺舟双楫》，竭力提倡书家要多临碑，少临帖。他以为碑字多篆隶真楷，有端庄刚健之气；帖字多行草，气骨柔弱。学习书法，应当从临碑入门，打好刚健的基础，然后学习行草书，不致柔媚无骨。他以为碑都是中原古刻，特别重视北魏碑的书法，因此他以“碑”字代表北派书法，帖大多是南朝文人的字迹，他就以“帖”字来代表南派书法。北碑南帖，成为书法艺术的一个新词语，于是“碑帖”二字又产生了新的意义。我们说某人是临碑的，这是说他写的是篆隶真楷；如果说某人是临帖的，这是说他写的是行草书。

四　谈拓本

用纸墨从铜器石碑上打印出来的文本，纸被墨染成黑的，有字迹处是白的，这种黑纸白字，现在称为拓本。这个“拓”字，取义不很明白，也不知其起源。而且这个名词，产生得也并不早，大约南宋时才有。喜欢用古字古语的人，往往写作搨本。似乎拓本即搨本的音变。但是，就其本义而言，它们实是两种东西。

萧梁时，中书侍郎虞龢的《论书表》云：“由是搨书悉用薄纸。厚薄不均，辄好绉起。”又《南部新书》云：“兰亭帖，武德四年欧阳询就越僧求得之，始入秦王府。麻道嵩奉敕搨两本，一送辩才，一秦王自收，嵩私搨一本。”又何延之《兰亭记》云：“帝命供奉搨书人赵模、韩道政、冯承素、诸葛贞等四人各搨数本，以赐皇太子、诸王、近臣。”又窦暨《述书赋》云：“季初则隐姓名，展纤劲，写搨共传，赏能之盛。”注释云：“杨肇，字季初。今见草书一纸，共十行。有古署榜，无姓名，今共传搨之。”这是说晋朝书家杨肇的草书，现存一纸，有字十行。有古人的题签，说明是杨肇的手迹，但没有杨肇自己的署名。这一纸草书，有许多人互相传搨，从齐梁至唐代，许多人用“搨”字都还不等于“拓”字。唐人所谓搨本，不等于后世所谓拓本。

像《兰亭序》这样著名的古人书迹，当时没有照相机可以摄影复制，也没有印刷术可以使它顷刻间化身千百，唯一的办法就得影写。所以要用薄纸覆在原迹上，细心影写。这种工作方法，称为搨。所谓搨本，就是影写本。《新唐书·百官志》记载宫中集贤殿书院有搨书六人，弘文馆有搨书三人，这些人的专职都是影写古人书迹，赵模等四人就是唐太宗时有名的搨书手。

搨，又称为摹（或作模）。宋人黄伯思《东观余论》有一篇《论临摹二法》，字数不多，今全录于此：

> 世人多不晓临摹之别。临，谓以纸在古帖旁观其形势而学之，若临渊之临，故谓之临。摹，谓以薄纸覆古帖上随其细大而搨之，若摹画之摹，故谓之摹。又有以厚纸覆帖上，就明牖影而摹之，又谓之响搨。临之与摹，二者迥殊，

不可乱也。

这里说明了临帖与搨帖的区别。临是为了学习书法，搨或摹是为了复制。

关于响搨，宋人赵希鹄在他的《洞天清禄集》中也有说明："以纸加碑，贴于窗户间，以游丝笔就明处圈却字画（划），填浓墨，谓之响搨。然圈隐隐犹存，其字亦无精采易见。"他所说的是影写碑文，但方法和影写墨迹一样。先依照每个字的笔画边缘钩写成空心字，然后用墨填满。唐人搨写《兰亭序》，大约亦用此法。空心字称为廓，意思是字的轮廓。在廓中填墨，叫作廓填。唐人搨书，大多廓填，故使后人误为真迹。宋人搨写古碑，意不在作伪，且碑字本来是白色的，故无须填墨，于是这种搨本，称为双钩本，黄伯思说，曾在洛阳见褚遂良摹搨的《黄庭经》，"单廓未填，笔势精善"。可知双钩本亦唐初已有，不过极为少见。

用纸墨拓取石刻文字，此事不知起于什么时代。东汉末年，蔡邕刻成了石经，太学生都去抄写，以校定自己的读本。史书上没有说他们得到了拓本。后魏时，郦道元作《水经注》，记录他所见到过的二百多块古碑，都是根据他在碑前的摘录，或凭记忆叙述的，也没有说他曾拓取碑文。由此可以推测，至少在北魏时，还没有石刻文字的拓本。但是，在《隋书·经籍志》中著录了《秦皇东巡会稽刻石文》一卷，还有《一字石经》周易、尚书、鲁诗、仪礼、春秋等三十四卷，又有《三字石经》尚书、春秋等十七卷。这些都是梁朝宫中遗留下来的残余。我们似乎可以肯定，它们都是拓本，而不是影写本。然则，南朝在齐梁时，大约已用纸墨拓碑了。不过，石经都在洛阳，不在齐梁版图之内，为什么南朝有石经拓本，而北朝却没有呢？这是一个疑问。

中唐以后，出现了打碑这个语词。李肇《国史补》云："德宗在东宫，雅知杨崖州。尝令打李楷洛碑，钉壁以玩。"西安有一个唐代的尊胜陀罗尼经幢，其最后一行刻着："元和八年八月五日女弟子那罗延建尊胜碑打本散施，同愿受持。"意思是说：有一个名叫那罗延的信佛女弟子，建立了这个经幢，从这个幢上打下经文墨本来散发给大众。这"打本"二字就是"打印几本"之意。清初的朱枫作"雍州金石记"，把这个碑名记录为《尊胜碑打本》，可知他不了解"打本"二字的意义。同时，"打本"也成为一个名词。窦蒙《述书赋注》云："周宣王猎碣十枚，上有篆文，今见打本。"由此可知"打本"是唐人称碑拓的正名。

到了宋代，欧阳修跋武斑碑云："后得别本，模搨粗明，始辨其一二。”又跋搨阮君神祠碑云：“施君为陕西都转运使，为余摹此本。”又跋唐中兴颂云：“模打既多，石亦残缺。”这里，他随意用摹、模、搨、打，都是同义词，指打碑而言不是影写了。大约到了宋代，古人书迹，都用石刻或木刻的方法流传，不再用唐人搨书的方法。故宋人所谓搨本、摹本，已与唐人所谓打本同一意义了。

但是，在欧阳修的书里，我还没有看到“拓本”这个名词。到稍后的黄伯思，他在《跋刘宽碑》一文中说：“因令工椎拓二碑及阴文，装为三帙。”从此出现了“椎拓”这个语词。椎者，用木椎打纸入碑字也；拓者，用毡包在纸上擦墨也。椎与拓都是打碑的工序，而椎的目的是为了拓，拓本这个名词便由此而成立。

因此，拓本与搨本，就其本义而言，原是两种东西，现在却混同了。也有人以为“搨本”还不够古雅，改用“脱本”。这是出于唐诗人韦应物的《石鼓歌》：“令人濡纸脱其文，既击既扫黑白分。”这是说他令工人蘸湿了纸打取石鼓上的字，击与扫即是椎与拓。又有人把脱本改为蜕本，意为碑石上所刻的字迹，遗脱在纸上，好比秋蝉的遗蜕。

五　碑额、碑阴、碑侧、碑座

一块碑，可以分为几个部分：碑石的上端，刻碑文题目的地方，称为“碑额”，或称“碑头”。下面长方形的一段，用以刻碑文的，称为“碑面”。它的反面，称为“碑阴”。自从有了“碑阴”这个名词，也有人把“碑面”称为“碑阳”，但这个名词一般都不被采用。碑是一块石版，或厚或薄。厚的碑版，两边相当宽阔，也可以用来刻字。这地方就称为“碑侧”。靠近碑文第一行的侧面，称为“右侧”，靠近碑文末一行的侧面，称为“左侧”。

早期的碑，碑额和碑面是连在一起的整块石版。汉碑都比较矮小，魏晋以后，愈来愈高大。到了唐代，碑的制作愈加精工。碑额和碑面用两块石版刻成装配。碑额正面都雕刻成精致的螭龙花草纹样。其宽度、厚度都比碑面加大，对碑面具有保护作用，使雨雪不致直接淋在碑面上。有许多直立在田野中的唐碑，上半截的字迹至今完好，损坏处多在下半截。虽然有些是由于农民牧童的敲打，但碑额宽大的作用也是很明显的。碑额和碑面分为两块以后，下面的一块就称为“碑身”。

每一块碑的下边，都留出一段空白，不刻字。碑石竖立在地上，这一部分就埋入土中。年深日久，碑石会沉陷下去，逐渐埋没了每行最下几个字。因此，古拓本往往拓不到满行，每行会失拓一二字或三四字不等。明、清以来的金石考古家，往往雇工人将沉陷的碑石抬起，或者挖去其四周的泥土，这叫作“升碑”。升碑的年月，也是拓本纪年的标志，故古拓本有“升碑前拓”与“升碑后拓”的区别。

为了防止碑石沉陷，巨重的碑，往往另制一块长方形或方形的平面石版，依照碑石的宽度和厚度，刻成一个凸起的槽，将碑石嵌入槽中，竖立在地上，使碑底的面积加大，就不易下沉。或者做一个较高的石礅，可以有种种不同的形式，总名为“碑座”。唐代的大碑或御碑（碑文为皇帝所撰写的碑），碑座都刻成一个巨大的乌龟。在龟背上凿一个槽，将碑身植立在槽中。这个大龟，有一个专名，叫作“赑屃”（bì xì）。据说龙生九子，其一名为赑屃，力气最大，喜欢负重。故后世人根据这个神话，刻成巨龟，用作碑座。碑座又称为“碑趺”。趺是脚跟，碑趺即碑的脚跟，用以维持其直立。刻成巨龟的碑

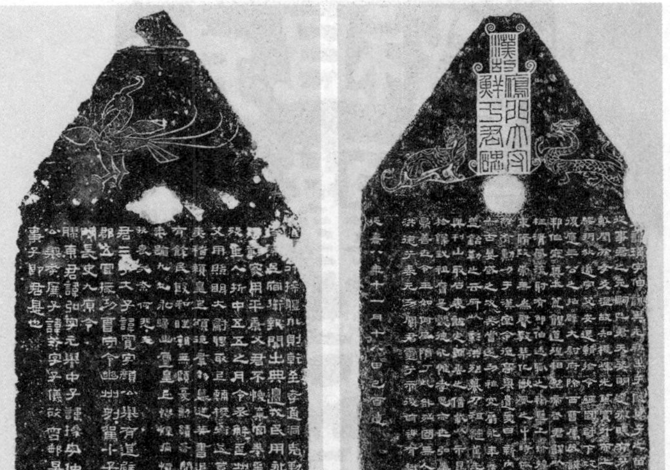

东汉《鲜于璜碑》拓本

东汉《衡方碑》拓本局部

趺，称为“龟趺”，意思是龟形的碑趺。

汉碑的形式，还保持古代“窆石”的形式，上尖下平，尖顶下仍有一个圆孔。有几块汉碑，还在圆孔旁刻出三条绳索纹，以象征窆石的原来作用。这个圆孔，名为“穿”。尖头的碑，名为“圭首碑”，或称“圭头碑”。现存山东济宁市的《鲁峻碑》《武荣碑》，1973年天津出土的《鲜于璜碑》，都是圭首碑。后来，尖顶变为圆顶，如现存泰安岱庙的《衡方碑》。或者连圆孔也取消了，如《张迁碑》，亦在岱庙。这些碑额的形式，文物著录家分别称为“圭首有穿”，“圆首有穿”，或“圆首无穿”。圭首碑都是有穿的。

一般的情况，穿是碑额与碑面的分界线。穿以上，刻碑题，但也有刻在穿右旁的。穿以下刻碑文。只有现存济宁的《景君铭》，它的穿凿得很低，在碑文中间。穿上还有碑文三行，每行八字，这恐怕是一个特殊的例外。

汉碑的碑题，都用篆字或隶字，故称“篆额”或“隶额”。南北朝以后，用正楷书写碑额，可是著录的时候，没有人说是“楷额”，只说“额正书”。有时正楷书的碑额，也可以说是隶额，这是因为书法家认为楷书是当代的隶书。故隶书有“汉隶”和“今隶”之别，今隶就是楷书。

汉碑额上的篆字或隶字，一向为书法家所珍赏，特别是汉人篆书大字，现在只有在碑刻上可见。例如《韩仁铭》和《张迁碑》的篆额，字体飞动优美，是秦篆的现代化。《鲜于璜碑》额的篆书，另是一派，即康有为所谓“汉篆多方折”的例子。魏晋以后的碑额题字，也有很好的。我所见，以北魏《南石窟寺碑》的题额最为宏伟。唐碑则有武则天写在《升仙太子碑》额上的飞白书“升仙太子之碑”六字，作飞鸟形，简直是现代的美术字了。

汉碑的碑额既然和碑面连在一起，碑额上刻了碑文的题目，碑面上就不用重复了。故碑面第一行就从正文开始。唐碑的碑额多数是另一块石头，容易失落，故碑文第一行仍刻碑题。例如《圣教序》的碑额是“大唐三藏圣教之序”八字二行，碑身第一行是“大唐太宗文皇帝撰三藏圣教序”。

汉碑字数不多，故碑石无须高大。碑文全篇，都刻在碑面。碑阴一般都刻出钱立碑人的姓名，例如《孔彪碑》《景君铭》《曹全碑》等，或刻“故吏”题名，或刻“门生故吏”题名。题名的款式一般都是官职、籍贯、姓、名、字、出钱数。例如《礼器碑》碑阴题名有“赵国邯郸宋镇元世二百”，这是赵国邯郸县人宋镇，字元世，出钱二百，捐助立碑。又如“尚书侍郎鲁孔彪元上三千”，“尚书侍郎”是孔彪的官职，他是鲁国人，字元上，出钱三千，助立此碑。汉碑阴大多是出

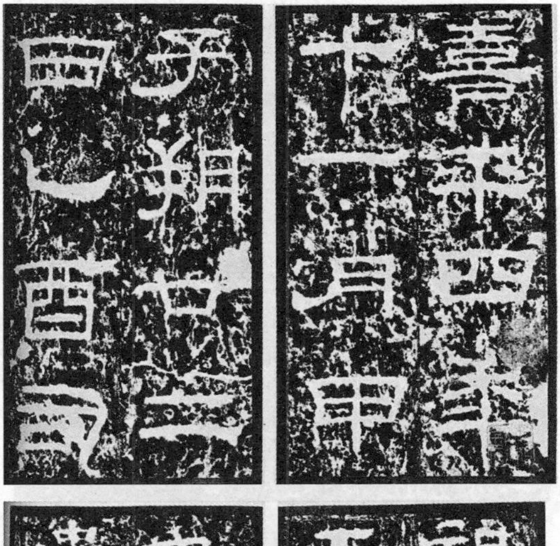

东汉《韩仁铭》拓本局部

东汉《张迁碑》拓本局部

唐《升仙太子碑》拓本局部

钱立碑或建造祠庙者的题名，这些人有门生、故吏、义士等关系。唐碑阴也有题名的，如《升仙太子碑》阴刻“从臣题名”，《御史台精舍碑》阴刻历任御史题名，其意义就和汉碑不同。但总称为“碑阴题名”。

碑阴有刻上与碑面有关文献的。例如《唐立纪信墓碑》。纪信是汉高祖时代的人，他的墓至唐代犹存，但墓碑已亡失。唐人给他重立一块墓碑，所以著录时要加“唐立”二字，否则就容易误为汉碑了。这块碑石，是利用废置在田野中的一块没有刻字的碑材镌刻的，因此就在碑阴刻上一篇《记得碑始末》的说明。又如《美原神泉诗序》的碑阴，刻的是众人所作《美原神泉诗》。《升仙太子碑》阴上方刻的是武则天的《游仙篇》诗。这一类的碑阴都是和碑面同时所刻。

北魏孝文帝的《吊比干文》，立于太和十八年（494），唐太宗的《赠比干太师诏并祭文》，立于贞观十九年（645）。这两块碑到北宋时已经损坏得字迹不清。宋代人索性磨平原刻，依据旧拓本，重新钩摹再刻，而在碑阴刻一篇说明情况的《重刻记》。这两块碑的碑面和碑阴虽然同时所刻，而代表的时代不同，书法也不出于一人之手。以上这一类碑阴文字，凡是与碑面有关系的，除题名外，都称为“碑阴记”。

还有许多碑，碑阴原来没有刻字，后人利用这块空白石面，或者磨灭原来的碑阴文字，另外镌刻新的碑文。例如北周赵文渊写的《华岳颂》，碑阴就刻了唐代的《华岳庙碑》。少林寺墙上嵌着一块金代刻的《观世音画像》碑，近年翻修殿宇，才发现碑阴是失踪了八百多年的《唐太宗教书碑》。这种情况，不在少数。大约出现在寺庙或名胜古迹地方的碑刻，墓碑不会被后人增刻。这种碑，其实两面都是碑面，无所谓碑阴了。但是做著录的时候，还应当以早先所刻为碑面，后代增刻为碑阴。

碑的两侧，也常有刻上题名的，如汉《杨叔恭残碑》侧就刻有书佐题名。碑文长的，碑面上刻不完，也有在左侧续刻的。著名的大碑，碑侧都雕刻螭龙花草图案，是石刻的艺术装饰。

很长的碑文，可以刻满碑石的四面，例如颜鲁公的《元结墓表》《颜勤礼碑》，这种情况，著录时称为“四面刻”。

碑座或龟趺都没有文字，况且古碑的碑座，大多亡失，因此就无话可说。

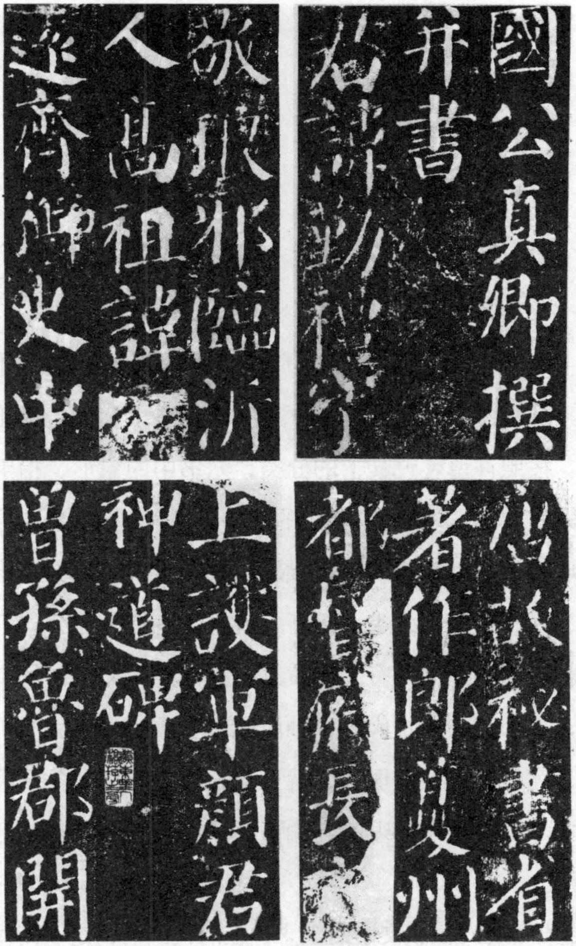

唐《颜勤礼碑》拓本局部

六　秦石刻文

“石刻文”是刻在石头上的文字，这个词义，谁也不会理解错。但什么叫“文字”？这个名词的意义，就可能有不同的理解。按照许慎《说文》的分类，六书中的象形、指事的结构，称为“文”，会意、谐声的结构，称为“字”。转注、假借，则兼有“文”和“字”。最早的汉字结构，都是象形的，如日、月、山、水之类，逐渐发展，而有指事、会意等种种结构。由此可知，先有文而后有字。既然“文”都是象形的结构，那么，初民时代的各种崖面（广西、云南、四川、内蒙古，近年有许多发现），就可能是原始的“文”，而不仅是“画”。如果用此观念去理解，我国的石刻文就应从远古的崖画算起。

金石学者对汉族文字的观念，在清代以前，是以商代彝铭文字（钟鼎文、金文）为最早的文字。这种文字的书法结构，称为“籀书”（传说是太史籀所创制的），或称“大篆”。晚清发现殷商贞卜文字（或称甲骨文、殷契文）以后，汉族文字的历史又提早了几百年。但贞卜文字的形象，不见于彝铭；彝铭文字的形象，不见于石刻。因此，我们现在所知道的、见到的最早的石刻文，已经是秦代的文物了。

相传湖南衡山祝融峰（或云岣嵝山）上有古代石刻文字，最初发现的是唐代人。据说一共刻了七十七个形象奇古的字，无人识得，却认定是夏禹王治水到此，刻石纪功。诗人刘禹锡得知此事，作诗云：“传闻祝融峰，上有神禹铭。古石琅玕姿，祕文龙虎形。”韩愈亲自到衡山去寻访，却找不到，回来作诗云：“岣嵝山尖神禹碑，字青石赤形模奇。”好像他已看见了。但下文却说：“千搜万索何所有，森森绿树猿猱悲。”原来还是没有见到。南宋宁宗嘉定年间，有一个四川人在游衡山时发现了这个石刻，他便用纸拓了几份，得七十二字，带回去刻了一块碑石，放在夔门一个道院里。这块石刻后来亡失了。但在长沙岳麓书院里也有一块，是嘉定年间何子一刻的，大约就是那个四川人的拓本。到了明代，杨慎（用修、升庵）得到一个岳麓书院刻石的拓本，他钩刻了两块石碑，一块放在昆明，一块放在成都。以后有人依据杨慎刻本，或岳麓书院本，纷纷翻刻，西安、开封、绍兴都有。岳麓书院的宋刻石，

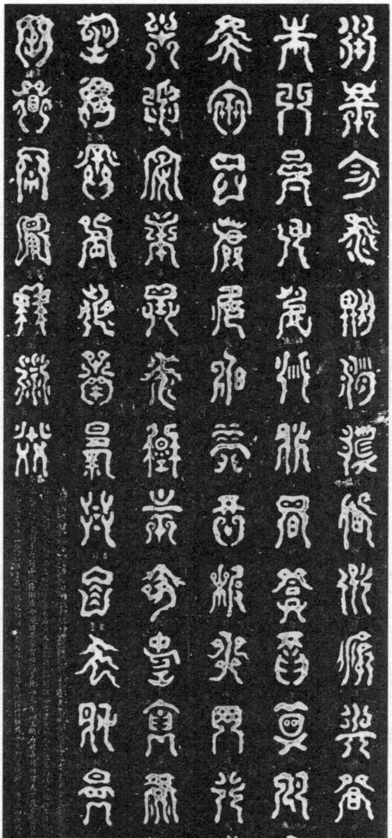

《夏禹岣嵝碑》拓本

亦已亡失，现在所有的是明代嘉靖年间的翻刻本。这块石刻，著录家都称为《夏禹岣嵝碑》。

河北省赞皇县南坛山上有石刻四字："吉日癸巳"，相传是周穆王登山时所刻，以记其时日。这一刻文，北宋初被发现，仁宗皇祐四年（1052），宋祁派人上山去椎拓，开始有拓本流传。后来本地县令刘庄因索取拓本者很多，怕麻烦，索性派工人去把这一块山石凿下来，嵌在县署墙上，于是拓本流传更多。著录家称为《周穆王坛山刻石》。

以上两种，都是宋元以来碑刻著录家认为最早的石刻文。尽管有许多人怀疑，但在石刻目录书中，还是把它们列为第一、第二。我们现在不能肯定它们，还是把"石鼓文"定为最早的石刻文。

石鼓是鼓形的圆石，一共有十个，每个鼓四周刻着古字。从汉代以来，一向在陕西凤翔田野里，无人注意。直到唐代，才被关心古代文物的人士所发现，一时轰动，杜甫、韦应物、韩愈都作了诗。后来，宰相郑余庆把它们移置于凤翔孔庙中，不过少了一个。经过唐末、五代几次兵乱，石鼓又散失了，直在北宋初年，司马池再向民间收集，安置在凤翔府学宫，但是仍少一个。皇祐年间，向传师在农民家中找到了缺失的那一个，已被农民改作石臼，每行损失了三个字。苏东坡曾去看过，也作了诗。这时，石鼓文的拓本流传渐多。到徽宗大观年间，十个石鼓被迁移到都城开封，视为国宝。徽宗下令用黄金填满刻文，从此就无法椎拓。不久，金兵入侵，开封沦陷。金人把石鼓搬回燕京。从元代到清代，十鼓一直在北京孔庙内。1931年，日本军人攻占沈阳，北京危急，国民政府将北京所有古物迁运到南京，石鼓亦在其中。新中国成立后，十鼓又回到北京，现在历史博物馆。

石鼓上所刻都是《诗经》形式的四言诗，大约是每鼓一诗。由于文字奇古难识，再加石皮逐渐脱落，唐宋之间，还可见四百六十多字，现在只存二百五六十字，因此文义难详，好像是叙述田猎的，也有叙述渔钓的，也有颂扬天子的，也有形容出师征伐的。唐宋人多数以为是周代文物，是天子狩猎，臣下刻的颂诗。因此认为是《诗经·周颂》的逸篇，韩愈作诗，甚至怪孔子为什么不把此诗编入《诗经》。至于研考是哪一个周王，有的说是文王，有的说是成王，而多数人认为是宣王。宋元以来，一向把这十个石鼓定名为《周宣王猎碣》（方石为碑，圆石为碣）。但宋代的郑樵已怀疑它们是秦代遗物，而不是周代。现代学者几乎一致认为这是秦代石刻。因为从字体结构来看，石鼓文是从籀书演变到篆书的过渡形态，而且其中字形同于籀书者少，同于篆书者多，由此可知它们是李斯制定小篆以前不很久远的字形，因而认为这是秦惠文王之后、始皇帝之前（前337—前246）这一段时期的石刻。

还有一个秦代石刻，俗名《诅楚文》。北宋初，凤翔农民于开元寺旁掘地得之，这地方正在秦穆公墓域之内。后来此石即移置于凤翔郡署便厅中。文字的内容是秦嗣王谴责楚王熊相的祀神文。大意说：秦先王穆公与楚成王曾缔结和平盟约，十八世以来，双方互不侵犯。现在楚王熊相竟背叛盟约，兴师侵犯秦国边城，故秦嗣王祭祀皇天上帝及诸神，要求天神惩罚楚师。祀文共有三篇：（一）祀巫咸文；（二）祀亚驼文；（三）祀大沈久湫文。宋人总名为《秦诅楚文》。三篇祀文，完全相同，唯神名不同。这位秦嗣王是谁呢？欧阳修查考《史记》，秦穆公以后十八世，应当是秦惠文王或昭襄王。这时的楚王是怀王或顷襄王，他们的名字都不是熊相。楚国历史上也没有名为熊相的王。这个疑问要留待历史学家去研究了。

《诅楚文》石刻没有详细的著录，不知原石是何形状。苏东坡到凤翔去看过，作了一首诗，大意说：那个时候，只有秦侵犯楚的记载，没有楚侵犯秦的史实，这个石刻是秦王“倒打一耙”，为他自己侵犯楚国制造理由，所以他看了这块石刻，认为是秦王的诡诈伎俩，可发一笑。欧阳修、赵明诚、叶石林所得到的拓本，都是《祀巫咸文》，但叶石林曾用《祀大沈久湫文》校对过。《祀亚驼文》则没人著录。原石大约在南宋末年已经亡失，唯《绛帖》《汝帖》中有部分摹刻。此后，未见收藏家著录。四十年前，亡友沈仲章得到一个元代翻刻的木版拓本，三文俱全。用珂罗版影印了一百部，于是此刻为较多人所得见。其字体亦多籀书结构，但笔道纤细如悬针，很像《三体石经》中的古文，看来其时代确和石鼓文不相远。

秦始皇帝二十六年（前221）统一天下（中国），二十八年（前219），率大臣东巡，以宣扬他的威德。到峄山、泰山、琅邪山，都刻石以歌颂自己的功业。二十九年（前218），又东巡，在之罘山上又刻石。三十二年（前215），东巡至碣石，也立石颂德。三十七年（前210），南巡至会稽，亦有石刻。十年之间，四次巡游，刻石六处。其五篇文辞，载在《史记》，唯绎山刻石文，《史记》失录。二世皇帝元年（前209），下了一个诏书，命令在始皇帝所刻石上加刻一段文字，说明这是始皇帝所刻，使后世人不会疑误。臣子们就把这篇诏书加刻在六处始皇原刻石上。

碣石一刻，早已堕入海中，历代都无著录。之罘一刻，欧阳修曾得拓本，仅存二十一字，乃二世皇帝加刻的诏书中文句。欧阳修还怀疑它是木刻翻本，而非原石。因此，宋代所流

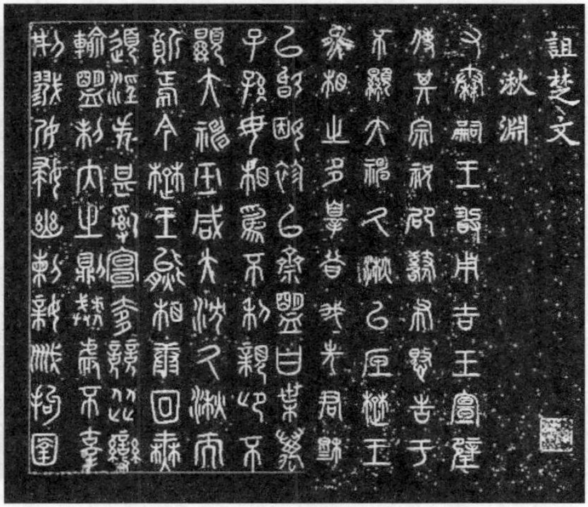

《诅楚文》拓本局部

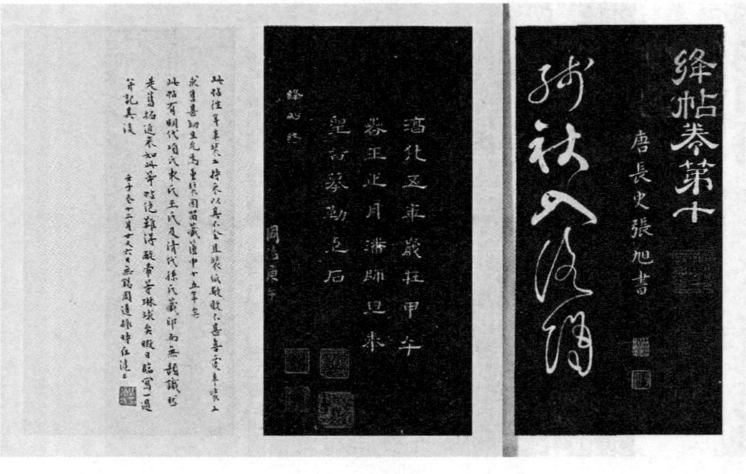

宋《绛帖》卷十

秦始皇像

传的秦始皇刻石拓本，只存绎山、泰山、琅邪山、会稽四种，称为《秦四山刻石》。

绎山刻石是始皇东巡第一刻。原石在唐代已被野火烧毁，好事之徒，用枣木版仿刻了一块，打印流传。杜甫《李潮八分歌》云："绎山之碑野火焚，枣木传刻肥失真。"可知这个刻本的笔画，比原石刻粗肥。南唐时，徐铉得到一个拓本，后来赠给郑文宝。郑于宋太宗淳化四年（993）用这个拓本刻了一块石碑，即今西安碑林的《秦峄山碑》，已断裂为两截。元代惠宗至正元年（1341），绍兴路总管府推官申屠駉又据郑文宝刻本翻刻一石，立于绍兴，至今犹存，称为《绍兴本绎山碑》（绎字今作峄）。

泰山刻石是始皇东巡第二刻，立在泰山顶上。石形扁圆，四周刻字，虽未为野火焚烧，但宋代欧阳修、赵明诚所得拓本，已仅存四十七字，也是二世皇帝加刻的。此石不知何时，移置在碧霞元君祠中，至清代乾隆年间，已仅存二十九字。乾隆五年（1740），祠宇失火，此石亦被烧毁，后人据旧拓本重刻一石。此石不久亦碎裂亡失。嘉庆年间，有人从池水中得一残石，存十字。宋人所见四十七字拓本，已无流传。现在所可见者有二十九字本及十字本。

琅邪刻石是第三刻，是仅存的秦刻原石。这是一块圭形的

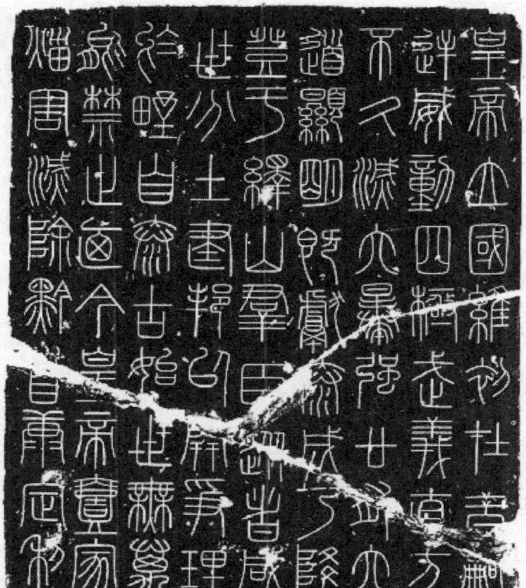

秦《秦峄山碑》拓本局部

扁石，三面所刻字，都已磨灭，仅存一面残文十三行，八十六字。第一行是始皇原刻的最后一行，从臣“五大夫杨樛”的题名。以后十二行是二世皇帝加刻的诏书。此石现在北京历史博物馆。上海历史博物馆有一块仿制品。拓本流传尚多。

会稽刻石是始皇第六刻，也是现存秦刻石的第四本。此石魏晋文人多有见过，亦有记录。唐代无人谈及。宋代则陆放翁、姚宽都去找过。姚宽在他的《西溪丛语》中曾有一段记载。但欧阳修、赵明诚这两位收藏碑拓的大家，却都没有得到拓本。大约在南宋时，这块石头还在山顶，而文字几乎全部损灭。到元代至正元年（1341），申屠駉翻刻了绎山碑，又用会稽刻石旧拓本翻刻在他的绎山碑阴。因此，元明时代所流传的会稽刻石拓本，都是申屠駉的翻刻本。到清代康熙年间，有一位没有文化的知府，把这一面碑文磨掉，改刻歌颂他自己的文章。乾隆五十七年（1792），来了一位很有文化的知府李亨特。他把康熙时所刻文字磨平，又刻上了申屠駉的拓本。这块碑至今还在。罗振玉曾得到王氏话雨楼旧藏明拓申屠駉刻本，影印在《秦金石刻辞》中，后来中华书局又据此单独印过一本，故申屠駉本初刻的面目尚未亡失。据《越绝书》的记载，会稽刻石是用浙江岑石所刻，姚宽登绍兴秦望山访此碑，看山顶上有一块屋子般的大石，碑就插在大石中间。宋、元、明，

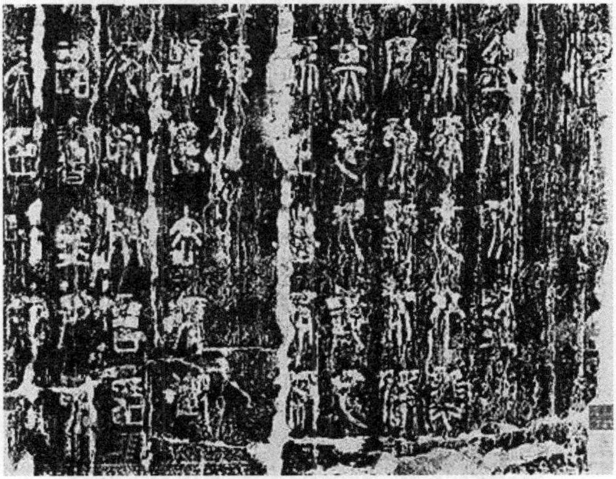

秦《琅邪刻石》拓本局部

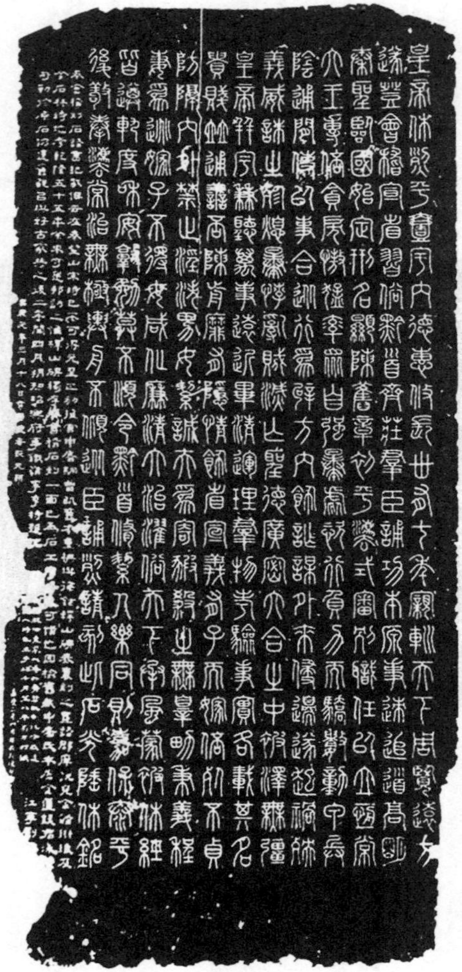

秦《会稽刻石》拓本

金石家著录此碑，或称为《岑石颂》。至于什么叫岑石，我未见过解释。

以上是我国第一代的石刻文字，对史学、文字学、书法艺术都极有价值。石鼓文、《诅楚文》的史实和文字形象，都已成为专门研究的课题。《四山刻石》只有泰山十字和琅邪八十六字是李斯小篆真迹，但在千余年风雨剥蚀之后，笔画肯定已大失原状。绎山、会稽二刻字迹与泰山、琅邪大有不同，绎山字迹纤细，篆法左右对称均衡。这种篆式，称为玉筯篆，似乎不可能是泰山、琅邪二刻的原样。郑文宝所刻的底本，是徐铉的临写本呢，还是徐铉所藏原石拓本？宋人的记录，文义不明确，成为书法家一件疑案。

七　先秦金文

“金文”这个名词，过去专指三代铜器上的铭文，现在称为彝铭。这是甲骨文以后，李斯小篆以前一段时期的汉族文字。传说以为汉族文字是黄帝时的史官仓颉所创造，到周宣王时，史籀又加以改造、增加。后世人把仓颉所造的字称为“古文”（古字），把史籀所造的字称为“籀文”（籀书），到秦始皇时，李斯把籀文简化，制定了一种全国统一行用的文字。这种文字，因为是从籀文的基础上改制的，同是篆文，故后人把籀文称为“大篆”，李斯所造的字称为“小篆”。

近代文物考古学者注意到，周、秦以后的各时代铜器上的铭文、款识，用以研究历代文物制度。它们的文字已随时代风尚而改变，从篆书、隶书，直到楷书，只因为它们也都是铸或刻在金属器物上的，所以也可以称为“金文”。不过，这样用法的“金文”，已不同于初期考古学者所习惯的意义了。

本文所讲的，仅限于三代时期的青铜器铭文。而所谓“三代”，尽管宋代人有过夏代彝铭的著录，但我们还不能说夏代已有了青铜器，更不能相信夏代已有了这种文字。我们现在所能见到的金文，都是商代中叶以后的资料。故本文题作“先秦金文”。

秦始皇统一了全国文字，又压制文化，焚烧古籍，于是商周文字的简册绝迹了。汉代人所见到和诵读的，都是用小篆和汉代新生的隶书写的。汉武帝时，在孔子住宅的墙壁中发现了大批古代简册，都是秦代以前的写本经书，有《尚书》《孝经》等。这批简册的文字，汉人称为“古文”。但它们既然都是孔子编定的书，它们的字体就可能在孔子以前。因此，汉人所谓“古文”，恐怕也不同于商周的金文。

东汉许慎作《说文解字》，是我国第一部字典。其中所收的字都以小篆为建首（条目），有许多字下附有“古文”“奇字”，即许慎所见到的先秦文字。魏正始年间，在洛阳刻了一份籀、篆、隶三种字体的石经，这些字出于邯郸淳的手笔。这种石经上的籀书，亦有与许慎不同的。这两家的古文，和近代大量出土的彝铭文字，也完全不同。由此可知，许慎、邯郸淳所学习的古文，其来源恐怕都是秦火劫余的古代简册。商周时铸在铜器上的文字，汉魏时人恐怕极少见到。

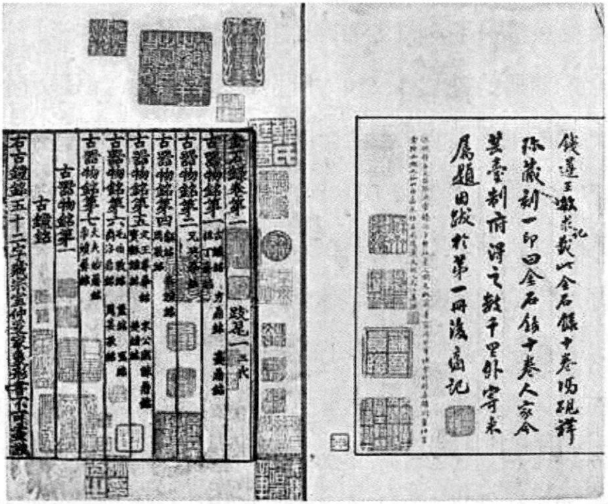

宋代赵明诚《金石录》

直到唐宋时，渐有先秦彝器出土的报道，但数量还不多。欧阳修收集金石文字，写了一部《集古录》，记录了他所见金文拓本，仅有十六种。赵明诚作《金石录》，他的金文题跋也只有二十多篇。但就在此时，各地已有大量古器物出土。吕大临首先作《考古图》十卷，接着，王俅作《啸堂集古录》二卷，王黼作《宣和博古图》三十卷。这三部书都摹画了器物的图像、纹饰，考释其文字，从此学术界开拓了文物研究和古文字研究的两个新领域。《宣和博古图》记录了徽宗宣和殿中所藏古代文物，有数百种之多，都是外人不易见到的。

南宋时，薛尚功汇集诸家著录，加入新出土的古器，逐件摹写其铭文，并做了考释，编成一部《历代钟鼎彝器款识》，共二十卷。这是第一部古文字研究的著作，而上述《考古图》等三种，只是古器物的图谱，虽然也有些关于文字的考释。因此，《四库全书总目提要》把《考古图》等三种列入史部谱录类，而把薛尚功的著作列入经部小学（文字学）类。这就把“文物学”和“文字学”区别开了。

从此以后，随着古器物的大量出土，学者们分为两个研究方向。其一研究器物本身，从它们的形制、作用，去印证古代社会的典章制度，人民的生活方式，或从它们的冶铸技术、艺术装饰，去探索古代工艺的科技水平。这一个研究方向，属于文物学。其二是研究古器物上所铸或刻的文字。从它们的字形及所反映的史实分别做古文字学及史学的探索，这一个研究方向，属于金石学（文字学）。所以《四库全书总目提要》说："盖著述之中，考证为难。考证之中，图谱为难。图谱之中，惟钟鼎款识，义通乎六书，制兼乎三礼，尤难之难。"（见《西清古鉴》条）这就说明，古代文物的研究，有丰富的学术意义。它涉及政治学、经济学、史学、文字学和艺术、科技。除了用科学方法来做各项分析工作之外，主要的还得用考证方法，以求得正确的论据。通过实物去判断古籍记载的是非、真伪；又通过古籍去了解实物的时代、作用。这些都是艰难的考证工作。

金石学奠基于宋代。元、明二代，比较冷落。石刻碑版方面，还有些人，金文方面，却是人才寥落。这可能是当时学者不易见到实物，也无拓本传布，不能取得研究资料。

清代是金石学的大盛时期。古物出土，时有所闻，而且每一件古器物都有拓本流传，更有不少古器，有全形摹拓，即使未见实物的学者，也能据拓本进行研究。因此，清代学者在先秦金文研究工作中，取得了很大的进展。乾隆十四年（1749）钦定的《西清古鉴》，阮元的《积古斋钟鼎彝器款识》，冯云鹏、冯云鹓的《金石索》，徐同柏的《从古堂款识学》，孙诒让的《古籀拾遗》，吴大澂的《窓斋集古录》，都是研究先秦金文的辉煌成果。

从清末到现在，王国维、罗振玉、郭沫若、唐兰、陈梦家、容庚、于省吾诸家，都是金文研究的重要学者，他们取得的成就，远远超过了前代学者。他们解决了许多前人未解决的问题，纠正了前代学者的某些错误，更从新出土的资料中掌握到新的知识。他们之所以能超越前代学者，一方面当然是由于学术研究，总是后来居上；另一方面是由于他们具备了几项新的条件：（1）对一些有关系的古书有新的认识和解诂，特别是“三礼”、《尚书》、《竹书纪年》、《山海经》等书。（2）有敦煌发现的许多古写本可以印证。（3）甲骨文、古陶文、先汉简策、先秦帛书的发现，对金文研究都有帮助。（4）参考并运用外国学者对古代社会和古代史研究的新知识、新方法。

以上是概括地叙述了先秦金文研究工作的历史进程。

青铜器的铸造，大约开始于商代中期，而盛行于西、东周。历代以来，出土的商器都是小件，铭文也很简单，从一二字到十余字，周代所造，就有大件，如毛公鼎、曶鼎、散氏盘等，铭文多至四五百字。这种称为彝器的青铜铸件，分为两种：一种是“礼器”，即用于祭祀祖先的祭器；一种是“养

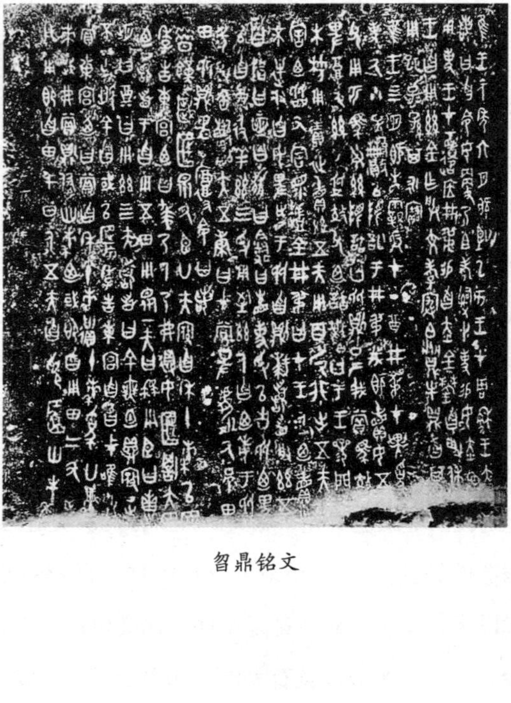

曶鼎铭文

西周毛公鼎

散氏盘

器”，即生人的饮食起居所用家具。早期的商器，只有一个图像，或像一种动物，或像人物。前代学者都把它们释作一个或两个字，都很勉强，郭沫若以为是古代部族的象征符号，是一种族徽，故用西欧的术语，名之曰“图腾”（Totem）。其实，恐怕就是《周礼》中所谓“徽帜”。

单纯的一个图像之后，出现了一个人名，例如“父乙”“父丁”，这表示是儿子为祭祀父乙或父丁而造此器，但造器者的名字还未出现。此后就出现了“作尊彝”“作祖乙尊彝”这样的铭文，说明了器物的名称，但“作”字的主语，即造器者的名字，还未出现。逐渐演变，铭文增多，有“伯作祖乙尊彝”，则造器者与受祭者的名字都有了。或者如“仲酉父作旅彝”，这是仲酉父造了几件铜器，自己用的。“旅”字是众多之意，表示所造不止一器。周代的彝铭，还增加了造器的年月、事由，末尾还有“子子孙孙永宝用”之类的训诫语，表示要世世代代用下去。至于最大的彝器，如毛公鼎、曶鼎、盂鼎、散氏盘之类，铭文已是长篇纪事文，毛公鼎多至四百九十七字，曶鼎有四百零三字，已经可以认为《尚书》的佚文了。

从宋代以来学者的研究，小篆以前的古籀书，我们现在可以识得的已有二三千字。容庚所编定的《金文编》，是目前唯一的金文字典。

八　汉代石刻文

秦始皇《四山刻石》，连同后来增刻的二世诏书，每石都有二百多字，大书深刻，可以算是巨型石刻了。西汉二百十四年间，非但不见有秦始皇那样的刻石文，就是几十字的石刻也不多见。清代翁方纲作《两汉金石记》，收西汉石刻仅三种，东汉石刻九十五种，共计九十八种。我收集的《汉碑目录》，西汉也不过二十二种，东汉却有三百八十八种。这还是有年月的石刻文，没有年月的，有少许文字的画像石，还不算在内。这个统计是到1980年为止，西汉刻石二十二种，也没有秦刻石那样的长篇文字。这一现象，极可惊异，似乎秦代兴起的刻石纪事的风气，在西汉时却冷落了。直到东汉时，才又复兴。东汉熹平元年至光和七年（172—184）的十几年间，现在所知的刻石，已有九十多种。可知熹平、光和年间，是汉代刻石立碑的全盛时期。由国家刻的大部“石经”，也是开始于熹平，刻成于光和六年（183）的。

汉代石刻，据现有的记录，最早的是《群臣上寿刻石》。其全文云：“赵廿二年八月丙寅群臣上寿此石北。”篆书一直行，刻在河北省广平县的山上。这是清代道光年间发现的。金石学者以为是汉初赵王的遗迹。当时王国都有自己的纪年，用自己的国号，故不用大一统的国名“汉”。但也有人以为是战国时赵武灵王所制。这一意见，被许多人所否定。因为从书法来看，战国时还不可能有这种方折的篆书。1942年，在曲阜发掘出一块有图案纹的长方石，其一边有刻文云：“鲁六年九月所造北陛。”学者考定为汉初鲁灵光殿的阶石。这就证明了《群臣上寿刻石》是西汉初赵王的刻石，因为纪年的方法相同。

山东曲阜孔庙有一块方石，刻文云：“五凤二年鲁卅四年六月四日成。”共三行，经考定为鲁孝王泮池用的石料，故题为“鲁孝王泮池刻石”。也有人以为是一个石匣上的题字，故题云“石函刻字”。由于当初出土情况没有详细记录，故文物的定名常有差异。这块刻石，已用汉宣帝的“五凤”年号，又用鲁国纪年，这是西汉后期王国刻石纪年的一例。

西汉刻石，现有最多的是宫殿、陵墓所用的石料，如扬州出土的“甘泉山残石”两块，有“中殿第廿八”等字，山西出土的“河平二年左元异”石，1970年曲阜出土的“鲁王陵塞石”，有字的共十五石，所刻的都是排列次第或石工姓名。

神道阙铭，或称神道碑，也是两汉刻石相当多的。阙是宫殿大门口两座左右对立的门楼。在祠庙或陵墓前的神道口，也建筑两座石阙，每阙都有刻字，说明是谁人之墓。宋人洪适作《隶释》，是第一部记录汉魏隶书碑刻的书。他记录了一个建元二年（前139）所建《郑三益阙铭》，这是最早的汉墓阙铭，这个石阙已不存在，铭文也未传拓本。现在我们有一个《麃孝禹阙铭》，是清同治九年（1870）山东平邑出土的一块圭首长方形石，刻文两行，曰：“河平三年八月丁亥/平邑□里麃孝禹。”这是唯一的西汉阙铭，可惜石阙已没有了。

四川郫县出土的地节二年（前68）《杨量买山刻石》，曲阜现存的《祝其卿、上谷府卿坟坛刻石》，西安的《霍去病墓石刻字》，都是西汉的陵墓石刻。1958年青海发现的巨大石虎，刻有“始建国”字，这是王莽的国号，恐怕也是墓前之物。

山东邹县出土的《莱子侯刻石》，是始建国天凤三年（16）二月莱子侯为诸子分封土地，划定地界的刻石。这是最早的地界石，全文三十五字，算是现存西汉石刻中文字最多的了。

东汉石刻文，神道阙仍然是一大类。石阙建筑，愈来愈宏伟精巧。著名的石阙都集中于四川，如梓潼的侍御史李业阙，是东汉最早的神道阙，大约建于建武初年。可惜铭文已残缺，仅存五字，隶书极刚健。《洛阳令王稚子阙》《交趾都尉沈君阙》《益州太守高颐阙》《幽州刺史冯焕阙》都是宋代以来著名于文物学的四川古石阙。其铭文的拓本，亦为好古之士所珍赏。山东则有大名鼎鼎的《武氏石阙》，南武阳《功曹阙》，《皇圣卿阙》。1964年，北京西郊出土的幽州书佐秦君神道阙，建于元兴元年（105），与《王稚子阙》同年所建，字口清晰无损，亦为汉代石阙增光。

河南嵩山有三座汉代石阙：太室、少室、启母庙，这是祠庙阙，不是墓阙，但都可以称为神道阙。少室、启母二阙铭都是篆书，笔势方圆相济，刚柔互见，为石刻汉篆的典型作品。

东汉石刻最多的是墓碑和祠庙碑。有许多唐宋时代极为著名的汉碑，如《酸枣令刘熊碑》，传说是蔡邕写的，《湘妃庙碑》，是刘表写的，《淳于长夏承碑》，以隶书怪异闻名。这些名碑早已亡失，有些还存几个古拓本，大多数连拓本也没有流传下来。曲阜是孔家墓碑集中之地，有《孔宙碑》《孔褒碑》《孔彪碑》《孔谦碑》，全是孔子的后裔。此外如济宁的《北海相景君碑》《司隶校尉鲁峻碑》，东平的《张迁

汉《杨量买山刻石》清拓本

《莱子侯刻石》

东汉《李业阙》拓本局部

东汉《三老掾赵宽碑》拓本

碑》，河南的《闻喜长韩仁碑》《豫州从事尹宙碑》，陕西的《曹全碑》，这些都是历代书家临摹的汉隶规范。1942年青海出土的《三老掾赵宽碑》，1973年天津出土的《雁门太守鲜于璜碑》，更是前人所未闻未见的汉碑上品。此二碑完整无损，字迹清晰，好像刻成后即埋入土中，没有经过风雨剥蚀。可惜《赵宽碑》已因青海博物馆失火被毁，只有《鲜于璜碑》是硕果仅存的又古又新的汉碑。

祠庙碑也不少。集中于曲阜孔庙的有《礼器碑》《乙瑛碑》《史晨碑》，此三碑隶法雅正，明、清二代，学习隶书多临摹它们。因为碑石犹存，拓本流传很多，成为碑拓中的普及本。河南元氏县有四块著名的汉碑：《封龙山颂》《三公山碑》《白石神君碑》《无极山碑》。其中《三公山碑》是篆书的，篆法飘逸，与嵩山二阙的篆书又有所不同。不过这四块碑的拓本流传不多，只有《白石神君碑》比较有人知道。此外，还有一块《西岳华山庙碑》，被誉为汉碑中隶书最佳者，可惜原石已毁于明嘉靖三十四年（1555）的大地震。现在仅存拓本三份，一本在日本，两本密藏在国家文物仓库中，但有许多影印本可得。

开辟山路，通治水利，凡有大工程，汉人也常有刻石记录，以告后世。陕西褒城是秦蜀交通要道。秦汉二代，屡次兴修栈道。永平九年（66）有《开通褒斜道碑》，永建元年（126）有《李寓治道表》，建和二年（148）有《石门颂》。建宁三年（170）有《郙阁颂》，在略阳。建宁四年（171）有《西狭颂》，在成县。这些石刻，虽通名为碑，实是刻在山崖上的，应称为“摩崖”。《褒斜道碑》面积最大，其隶书随山壁高低不平，落笔取势，最为古朴雄放。这种摩崖汉隶，自成一格，临写颇非易事，而且我以为亦不必临摹，因为这不是简策或纸帛上的书法。

郦道元《水经注》记录了十多种汉代兴修水利的铭记，至今均已亡失。因为这些刻石，都立在水口河边。后来川流改道或淤塞，这些刻石便被埋没，或为农民取作别用，故至今无有存者。1931年洛阳出土一石，是永元十年（98）通修水道的记录，可惜字体稚拙，石又残泐，不能尽识。1974年四川灌县出土李冰石像，身上有题字，乃建宁元年（168）所刻，这是有关水利的一件艺术文物。

金石刻的最初作用，本是铭记功勋，但汉代刻石中，颂德者多，而铭功者极少，窦宪的《燕然山纪功铭》，宋人所见，已是四川的仿刻本。直到清乾隆二十二年（1757），新疆发现了《裴岑纪功碑》，道光十五年（1835），又发现了《沙南侯获碑》，才弥补了这一空缺。

向来以为墓志开始于南北朝时期，而以北魏最为盛行。1930年洛阳出土了伏波将军马援的女儿马姜的墓志［延平元年（106）］，山西峄县出土了《杜临为父作封记》［延熹六年（163）］，这两块方石虽然没有写明是墓志，但其作用及文体，显然是墓志。于是我们可以把墓志创始的时代提早到东汉。

到目前为止，已出土的汉代墓碑，其墓主都不是有关历史大事的人物，在考证历史方面，汉碑并无多大用处。汉碑的价值，除了其本身的文物价值以外，主要还在于语言文字学和书法艺术。汉碑上的篆书，已不同于石鼓文和“四山刻石”，因此篆书有秦篆、汉篆之分。汉人书写文字以隶书为主，而汉碑中所显示的隶书，又是千姿百态。南北朝时期的书法，是从隶书到楷书的过渡时期，我们可以把这一时期称为书法史的“隶变时期”。例如苻秦的《广武将军碑》，晋代的《爨宝子碑》，北魏的《华岳颂》《张猛龙碑》，东魏的《高长恭碑》，它们的书法字体大不相同，显然可见是从不同的隶法演变而成，这种隶变时期的早期楷书，又影响了唐代的楷书，故唐人楷书亦具有各人不同的姿态。

九　魏晋南北朝石刻

曹丕篡夺汉家政权，自立为皇帝，建国号曰魏。留下了两块碑石。一块是《公卿将军上尊号奏》，这是一个由华歆等人领衔的群臣奏表，他们表示效忠曹丕，一致拥护曹丕接受汉帝的禅让，上尊号为天子。曹丕做了皇帝之后，就把这篇奏表刻在碑上，以告后世，说明他这一行动是出于文武群臣的意志，不是他个人的野心。另一块碑是《受禅表》，记载曹丕受汉禅的典礼。汉帝再三要让位给曹丕，曹丕再三辞谢，后来推却不过汉帝的诚意和群臣的劝进，才登上了皇帝宝座，统治天下。这两块碑是曹丕欲盖弥彰的丑史，在历史学家看来，是不值一笑的"伪证"。但在石刻史和书法艺术上，它们却很有价值。在石刻史上，它们是魏晋时期最早的碑刻。碑石高大，碑文字数多，写得紧密，与汉碑之矮小朴素不同。在书法艺术上，这两块碑文，传说是梁鹄或钟繇所写，字形方正刚健，与早几年的汉碑隶

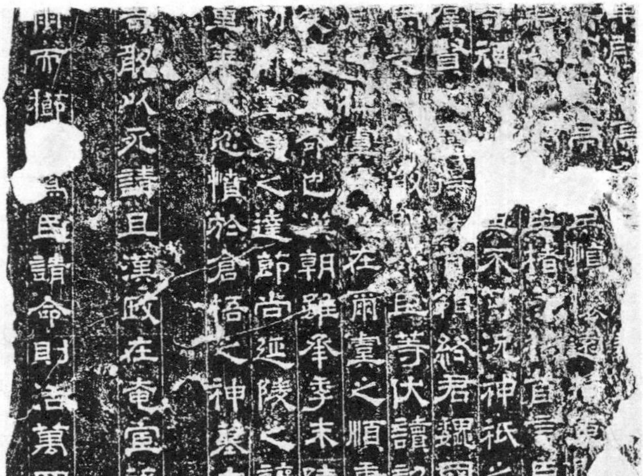

魏《公卿将军上尊号奏》拓本局部

魏《受禅表》拓本局部

字亦不相同。后世称这种隶书为魏隶，成为汉隶的第一次演变。

魏晋碑刻，至今还是很少。魏碑只有十几种，多数是残石。除了《公卿将军上尊号奏》和《受禅表》以外，完整的魏碑只存一块黄初二年（221）刻的《孔子庙碑》，现在曲阜孔庙。这块碑据说也是梁鹄所写，字形也是方正的魏隶。

欧阳修、赵明诚都说“晋碑难得”。因为在宋代，还没有发现晋代石刻。现在我们有了泰始六年（270）的《南乡太守郛休碑》，它是第一块晋碑。泰始八年（272）的《任城太守夫人孙氏碑》，这是石刻史上第二块妇女墓碑（第一块是汉伏波将军马援的女儿马姜的墓志）。

咸宁四年（278）刻的《大晋龙兴碑》，在洛阳出土还不到七十年。这块碑记晋武帝司马炎在太学中举行乡射礼的事。碑石特别巨大，前所未有。碑阴题名有四百多人，可以见到晋代太学的组织情况。此碑深埋地下一千六百余年，出土时完整无缺，在文物出土的记录中，亦不多见。郦道元《水经注》记录了一块《晋辟雍碑》，也是记皇帝莅临太学的事，这块碑还没有发现，不知有没有希望。《大晋龙兴碑》现在洛阳白马寺。

东晋禁止竖立墓碑，故东晋丰碑，至今未见。不过远在云南，却刻了一块《爨宝子碑》，大亨四年四月刻。大亨是东晋安帝的年号，只有一年，所谓四年，实即义熙元年（405），

西晋《任城太守夫人孙氏碑》拓本局部

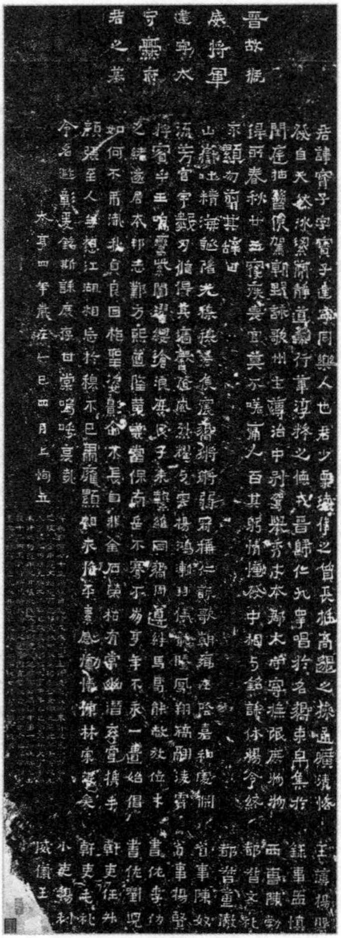

东晋《爨宝子碑》拓本

已在东晋末期了。

三国时，东吴有两块著名的碑。一块是南京的《天发神谶碑》，它用三块大横石堆砌而成，俗称“三段碑”。这块碑已于清嘉庆年间被火烧毁，现在南京煦园有两块端方的仿刻本，只是三段中的两段。另一块是宜兴的《禅国山碑》，是天玺元年（276）孙皓封禅国山时所刻。这块碑的形状很怪异，是一个圆锥形巨石。形似米囤，故当地人称为“囤碑”。这两块吴碑的字迹都别出一格，似篆非篆，似隶非隶。大约是道士们为了谄谀皇帝，伪托天书，故意写成这种字形。到了后世，却在书法上占了一席，尤其是《天发神谶碑》那种上方下尖的怪字，竟成为汉字的一种美术体。

宋、齐、梁、陈四朝，简直没有一块碑。云南的《爨龙颜碑》，刻于大明二年（458），到清代嘉庆年间才被发现，总算给刘宋碑刻史填补了空白。萧齐石刻，只有《吴郡造维卫尊佛背题字》和《吕超墓志》两种，都在浙江绍兴，都不是碑。梁代的碑，只有南京的《始兴忠武王萧憺墓碑》一块。徐勉撰文，贝义渊书丹[①]，都是名家。这块碑的书法，已是正楷书

① 古代刻碑，先磨平碑石，然后用朱笔将碑文直接写在石上。这叫作“书丹”。现代刻碑，是将碑文写在薄纸上，让石工勾勒上石。但还可以用“书丹”这个语词，它已成为书写碑文的特定语词。

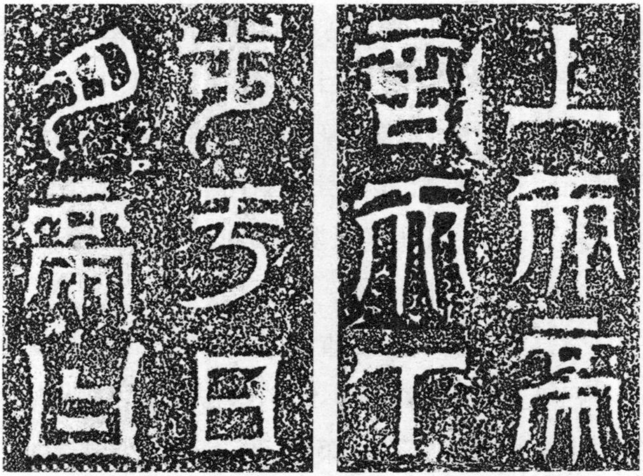

三国《天发神谶碑》拓本局部

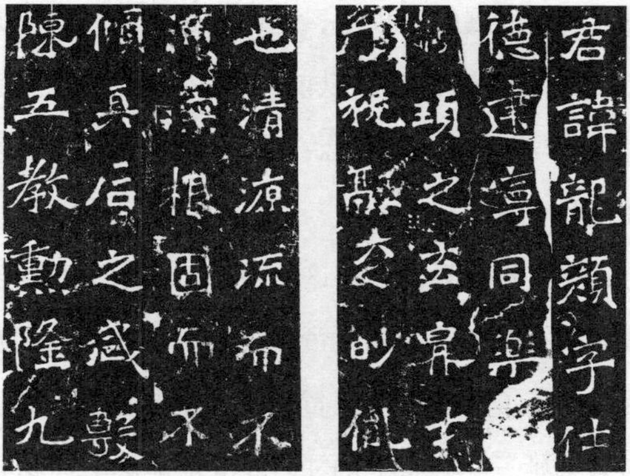

南朝《爨龙颜碑》拓本局部

《瘗鹤铭》拓本局部

了。在研究书法发展的历程中，这块碑也必须注意。此外，还有镇江焦山的《瘗鹤铭》，以前的书家都定为梁代道士陶弘景（贞白）所写，我不敢信从。这个石刻没有唐人著录，恐怕是中晚唐人手迹。

以上谈南朝的碑刻，不过这十多种，数量实在不多。至于北朝，情况就不同了。北朝皇帝喜爱刻石纪功，也奖励人民刻石。皇帝自己有了什么可以庆贺的事，就要立碑纪念。现在我们可见的有太延三年（437）的《皇帝东巡碑》。这是北魏的第一块碑，记太武帝拓跋焘东巡过易州（今河北易县），与群臣比赛射箭。皇帝射的一箭，飞过山顶，在逾山五百步处坠落。群臣发箭，没有一个能射过山顶的。于是文武群臣歌功颂德，为此事刻石立碑。据《水经注》的记录，有两代皇帝都曾在此山赛射，一共刻了三块碑。现在只发现了最早的一块。这块碑1920年才被发掘出土，非但欧阳修、赵明诚没有见到，连钱大昕、翁方纲、叶昌炽等热爱收藏碑拓的人都无福见到，可见金石学的研究资料，后来居上。

此外，祭祀山川圣贤，修建儒、释、道三教祠庙，也常常立碑。我举几块最著名的：太和十八年（494）的《皇帝吊比干文》、太安二年（456）的《嵩高灵庙碑》、太和十二年（488）的《晖福寺碑》、永平三年（510）的《南石窟寺碑》、正光四年（523）的《马鸣寺根法师碑》、东魏兴和二年（540）的《修孔子庙碑》、武定八年（550）的《修齐太公庙碑》、北齐天保四年（553）的《造西门豹祠堂碑》，乾明元年（560）的《夫子庙碑》、武平元年（570）的《陇东王感孝颂》、北周天和三年（568）的《华山神庙碑》，这些都是北朝碑版的上乘。碑石雕刻工细，文字优美。此外还有不少著名的墓碑，如永平四年（511）的《郑文公碑》（刻在云峰山上）、神龟二年（519）的《贾思伯碑》、正光三年（522）的《张猛龙碑》，也都成为近代书家临池的典范。北齐武平四年（573）刻的《兰陵王高肃碑》于1920年出土，尤其是北碑的重宝。高肃，字长恭，骁勇善战。但他是个美男子，故在上阵作战时戴上个代面（面具），以解决他的容貌与武力的矛盾。后世演戏时，演员用面具，或勾脸谱，都由此而来。唐代教坊歌曲中有《兰陵王》一曲，大约最初也是歌颂他的。到宋代，词调中仍有《兰陵王》一调。因此，我们对于兰陵王并不陌生。如今他的墓碑被发现，碑文都是雄健的大字，虽然是北朝晚期的碑，却不妨说是北碑中的第一品。

即使专讲碑版，北朝也已远远胜过南朝。但是北朝石刻文字的重点，还不在地上竖立的碑石，而在深埋于地下，历时一千三百多年，不为人知的无数墓志。所谓墓志，是指埋在坟

北魏《南石窟寺碑》拓本局部

墓中、棺材前的一块方石。石上刻着死者的生平传略、卒葬年月。最后是一段铭文，一般都是四言韵语，也有用楚辞体的，对死者作颂词或悼词。这篇文章以铭文为主，所以称为“墓铭”或“墓志铭”。铭文前的散文传略，是这篇铭文的序，所以有些墓志铭的第一行标题是“某某人墓志铭并序”。其实墓志是总名，包括铭序在内。如果用“墓铭并序”，就正确了。

墓志石上面另有一块同样大小、厚薄的石头，上部四边斜削全石成覆斗形。这块石头是保护志石的，以防损坏所刻的文字。它的名称叫作“盖”，全称是“墓志盖”。一个盖，一块志石，合称为“墓志一合”。由于盖石无字，卖不起价，盗墓者都弃而不取，或者搬回家去，另作别用。因此，收藏墓志的著录，必须注明“志盖全”，或“有盖”，或“缺盖”。志盖发展到后来，也成为一种石刻艺术品。有些志盖雕刻花草纹，或十二生肖，《元显儁墓志》的盖，雕为龟形，尤其是墓志妙品。

自从《马姜墓志》出土以后，我们才知道墓志这种东西，在东汉时已有，不过其制作还很粗简。西晋时，坟墓中棺材的前方，竖一块狭长的石版，形似一块小碑。用简单的文字记录死者的姓名、职官、卒葬年月。当时称为墓碣，如太康五年（284）的《和国仁墓碣》。后来称为墓版，如永康元年（300）的《左贵人墓版》（这是诗人左思的妹妹左棻）、元康五年（295）的《中书侍郎荀岳墓版》，到现在为止，晋代的墓志还未见称为墓志的。新中国成立后，南京及其邻县出土了许多墓志，都是用较大的长方形砖刻的，文字都很简略。这种东西，我们称之为“砖志”或曰“葬砖”。因为不是石刻，故被排除在墓志以外。

从清代道光、咸丰年间开始，洛阳北邙山古墓群大量被盗，掘出了许多北魏贵族的墓志石。历史学者、考古学家纷纷收购。全国各地有古墓的田野，逐渐波及，历代墓志石大量出土，于是收藏墓石或其拓本成为文物考古的一种新的风尚。

北魏孝文帝太和十八年（494），迁都洛阳，改其族姓拓跋氏为元氏。洛阳及中州出土北魏墓志，大多是元氏公卿大夫或后妃嫔御。《魏书》已残缺不全，《北史》记载元氏人物，亦多未备。这批北魏贵族魏志提供了许多元魏宗室的传记资料。罗振玉曾根据这些资料，作《补魏书·宗室传》。但罗氏所见元氏墓志还不多，作此书后，又有许多新出志石。因此，北魏墓志，兼及东魏、西魏、北齐、北周墓志，都是具有极高史料价值的文物。

北朝魏志大多是方五十厘米以上的大块青石，书法、文章都极为工妙。出土时字迹都完整，毫无残缺，不像植立在地面

前秦《广武将军碑》拓本局部

北魏《嵩高灵庙碑》拓本局部

上的墓碑或祠庙碑，经过千百年风吹雨打，很少有完整的。因此，近百年来，爱好临写北碑书法的，往往用墓志拓本为范本，而不用碑拓。

魏晋南北朝的石刻文字，如果见得多了，就能清楚地看到汉字书法的演变。《公卿将军上尊号奏》《受禅表》那样的魏隶，在晋室东迁以后，几乎不见了。一直到初唐时期，才有复活的趋势。《爨宝子碑》《爨龙颜碑》二碑，都在云南，属于南朝，但它们的书法，显然受北朝的影响。我们如果把它们和苻秦的《广武将军碑》（建元四年，368）及北魏的《嵩高灵庙碑》放在一起看，就可以看出它们是汉隶的又一次演变，出现了由隶变楷的信息。北魏、东魏、西魏的书法稳定了一百多年，没有大变化，而以孝文帝、孝明帝二朝的石刻文字为北碑的正宗。

很奇怪，一到北齐，书法就出现了变化。北齐字体与北魏大有不同，可以说是用魏隶的方笔来写楷书。但是还保存一些汉隶的分法。我以为北魏的书法是庄重古朴，北齐的书法则为妩媚秀逸。昆剧家俞振飞的父亲俞粟庐（宗海）先生专写北齐碑版，为近代书家中独辟蹊径的一家。

十　摩崖

有些文字，需要刻石以垂之久远，昭示后人，但并不需要向山中采石，磨成方形碑料，运到别处去竖立，那么，索性就把文字刻在山壁上。这种形式的石刻文字，称为“摩崖”。“摩崖”就不算是“碑”。但后人也有把摩崖文字称为“碑”的，如果我们不能说这是误用名词，至少也该认为这是“碑”字意义的引申。

摩崖有两点好处：（一）可以永久保存，不易亡失。虽然难免遇到地震山崩，或人为的破坏，但毕竟比碑刻经久。（二）刻文字的面积大小随意，不受限制。

摩崖的起源，应当上溯到远古人民的崖画。但崖画绝大多数是用彩色垩土画在崖壁上，作人物鸟兽的图像，而不是镌刻的文字。因为那时还没有文字，也没有刻石的工具。因此，我们用“崖画”和“摩崖”这两个名词为它们做了区别。尽管摩崖刻的是图像，也只能说是摩崖画，而不是“崖画”。

现在有记录的最早的摩崖文字，是夏禹的《岣嵝铭》、周宣王的《吉日癸巳》和西汉初的《赵王群臣上寿》。《岣嵝铭》传说在衡山祝融峰上，但从来没有人见过。《吉日癸巳》和《群臣上寿》二刻都可怀疑，不能肯定它们为最早的摩崖。确实可信的第一处摩崖是陕西褒城县褒谷中的《鄐君开通褒斜道摩崖》（又名《鄐君碑》，碑估称拓本为《大开通》）。褒斜道是秦蜀交通要道，在褒城东褒水上。两岸山崖，拔地而起，没有道路。秦汉时在山上修建阁道（栈道），以通行人。阁道容易损坏，发生危险，故经常要修葺。东汉明帝永平六年（63），汉中郡太守鄐君奉诏书修治阁道，用人工七十六万六千八百余人，在二百五十八里的山谷中架设了新的阁道，至永平九年（66）完工，就在崖壁上刻了这一篇记录。从此以后，有建和二年（148）的《石门颂》、建宁四年（171）的《西狭颂》、建宁五年（172）的《郙阁颂》、熹平二年（173）的《杨淮表纪》，历次修路，都有摩崖记录。北魏宣武帝永平二年（509），又大修栈道，也有一篇《石门铭》刻在山上。这五篇汉刻，一篇北魏刻，文字和书法都极好，尤其是《开通褒斜道》一刻，所占崖壁面积最大，字亦最大，分书而存篆法，一向被推为石刻汉隶之最雄伟者。北魏所

北魏《石门铭》拓本局部

刻《石门铭》，有书手王远的署名，他的书法也已成为北魏书法的典型。

隋唐以后，道路改变，褒斜道废而不用，栈木坠落，藤萝掩覆，这些汉魏摩崖，好久不为人知。直到北宋时，才有人发现这处古迹，于是治水修道，加以整理，成为一个旅游点，文人学士纷纷刻石留名，于是褒谷中又添了三十余处宋人题刻。清代以来，拓碑贩卖的人将这许多摩崖文字的全部拓本总称为“石门全拓”，其实还遗漏了许多文字漫漶无法椎拓的小题名。新中国成立后，褒谷石刻被列为国家重点保护文物，禁止摹拓。1971年，因为要在那里兴建水库，这些摩崖石刻文字无法保留，于是选取最重要的十三种，将崖石割截下来陈列在汉中博物馆里，从此，它们不成其为摩崖了。

黄河三门峡崖壁上也有汉、魏、晋三代的许多摩崖题刻，大多是记录水文和治水工程的。20世纪50年代，在修建三门峡水库时，这些题刻也无法保留，全部被损灭了，只留下一个记录报告。

北魏时，兴起了开凿佛像石窟的风气。最初是山西大同的云冈石窟，从文成帝开始一直经营了一百多年。其次是洛阳龙门的石窟。接着有巩县石窟、敦煌石窟、麦积山石窟、大葆山石窟，山东的千佛山，开山雕像，都有百余年的历史。开凿云冈石窟时，还没有刻造像题记文字的风气，到现在为止，只发现了一处《比丘尼昙媚造像题记》，在云冈第二十窟中，其纪年是景明四年（503），时代很迟了。龙门山开窟时，允许人民任便开凿，因此，龙门山上大大小小的佛龛最多。善男信女各自出钱雇工开凿佛龛，还在佛龛下方或左右侧刻上施财造像人的姓名，或陈述造像的愿望。这些简短的造像题记，书法有很好的，也有写古体字或俗体字的，对文字学的研究也有用处。尤其重要的是，它们反映了当时人民的生活和思想状态，可以作为一种社会史料。因此，龙门造像题记的全部拓本，也是金石学者乐于收藏的。不过，这一类拓本，应当称为“造像记”，而一般人都省掉“记”字，简称为“造像”。例如著名的《龙门二十品》，是北魏造像的题记，这二十张拓本所拓出的只是造像的题记文字，而没有拓出佛像和龛形，所以，它的正名应当是《龙门造像记二十品》。

龙门山上有大块摩崖十多处，其中最著名的是褚遂良写的《伊阙佛龛碑》，贞观十五年（641）开凿宾阳洞，刻此文于洞口。这是唐碑中的名品。此外有《心经》《涅槃经》，都是初唐人写的精妙小楷。还有北齐时刻的许多药方，这个洞俗称药方窑。可惜的是，这些刻文都零落不全了。

泰山上有历代摩崖文字累累，最著名的有两处：一处是经

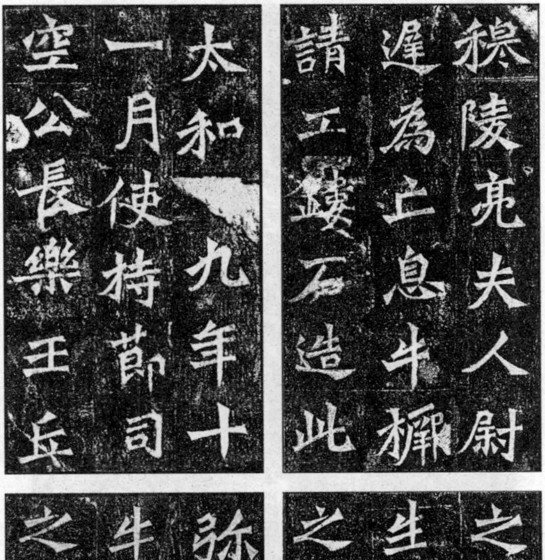

北魏《龙门二十品》拓本局部

唐《伊阙佛龛碑》拓本局部

唐《端州石室记》乾隆拓本

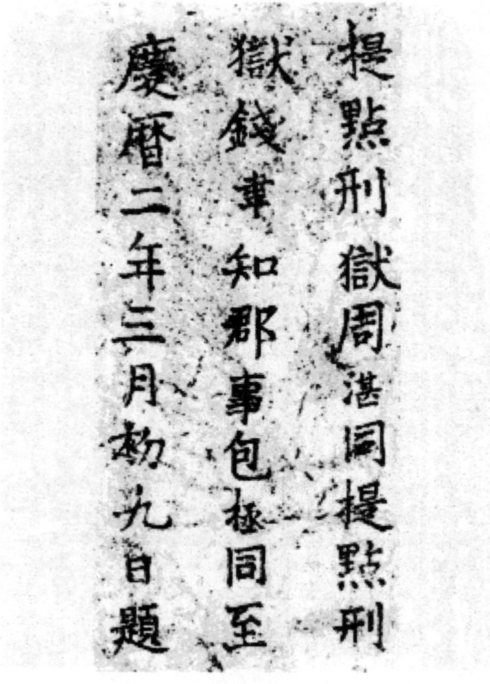

北宋《包拯题名》

石峪的佛经，北齐时刻。一处是唐玄宗李隆基自己写的《太山铭》。这两处都是大字深刻，气象雄伟。杭州石屋洞有吴越时代所开小佛龛二百多区，各有题记及游客题名，其中有苏东坡题名。“文化大革命”中，石屋洞全被破坏，佛像和题刻全部削平了。

湖南祁阳浯溪，也是摩崖刻很多的名胜之地。最重要的有《大唐中兴颂》，元结撰文，颜鲁公书。其次则为黄庭坚等宋代名人的题诗、题名。广西桂林诸山，有许多唐、宋人的题刻，著名的有李北海的《端州石室记》、《包拯题名》、陆放翁诗迹。龙隐岩有《元祐党籍碑》，庆元四年（1198）饶祖尧刻。另有一处《元祐党籍碑》，在融县，嘉定四年（1211）沈玮刻。一般人只知道桂林的《元祐党籍碑》，因为它容易见到。这两本元祐党籍中所列人名不完全相同，因为依据的是两份不同的档案。这两处摩崖，极有史料价值，它们记录了奸相蔡京前后两次迫害知识分子的黑名单。桂林还有两处唐代摩崖巨刻。一处是《平蛮碑》，一处是《舜庙碑》，都是韩秀实书丹，李阳冰篆额的著名唐隶。

总之，全国名山的摩崖刻文为数不少，这里只是举出了一部分名目。我希望文物工作者，或好古之士，在旅游时，不妨搜索搜索，说不定还可以发现一些有趣味、有价值的崖刻文献，例如江苏盱眙县的第一山上，原有苏东坡写的《行香子词》，虽然在南宋时已有记录，却一向无人看见。直到1983年，才被当地文物工作者秦士芝同志找到了，岂不是一件可喜的事？

十一　造像

欧阳修和赵明诚是最早收集石刻文字的，但他们所得大多是碑文拓本。古代严禁发掘坟墓，故墓志出土极少。龙门山近在京西，石窟佛像很多，都刻有铭记，可是除了《伊阙佛龛碑》这样的大篇文章以外，还未有人注意模拓，以为这种文字没有什么研究价值；字迹又不好，不能用作书法临摹本。近代学者收集石刻文字，情况恰恰相反。汉唐时代的丰碑大碣，亡佚的多于新出的，摩崖文字亦多已崩落，我们今天所能得到的古碑拓本，恐怕已不及赵明诚《金石录》所记录的多。我们今天可以得到的石刻文字拓本，以墓志为大宗，其次是造像。

龙门山大小佛龛有一两千之多，每个佛龛都有铭记。晚清到民国初年，洛阳打碑人拣字迹清楚的拓下来，整批出卖，号称“龙门全拓”。计有大纸十四张，称为“大经碑”，小纸四百多种，都是中小型佛龛的铭记。大经碑以书法被重视，其中包括褚遂良写的《伊阙佛龛碑》，北魏刻的《始平公造像》、《杨大眼造像》、小楷《心经》等，都是练字的人需要的，故销路最广。小造像拓本只有金石收藏家愿买，小小的一条纸，有年月，有姓名，具备了石刻拓本的必要条件，登记在收藏目录中，也可以算是一种了。

其实这种小造像也很有意思。大块碑文记录的都是达官贵人或社会上层人物的事，小造像所记的却是老百姓的事。老百姓遇到灾难，祈求佛法保佑，就出钱凿一龛佛像，并记下了他们的事由和愿望。从寥寥几句话中，我们可以看到当时老百姓的生活情况。龙门造像的铭记，大多数是为亡故的父母、兄弟、姊妹、夫妻祈求冥福，但也有不少是为了特殊事故。有人为大病不死而造像报恩。有人为儿子从军远征而造像祈求平安。有人为怀孕而造像。有人为驴子病了而造像，可见当时驴价很贵，一头驴子死了，再也买不起第二头。还有人为家人失踪或出门长久不归而造像。这一类铭记都是初唐、盛唐时期所刻。我们可以想见，那时虽然是唐代国势富裕繁荣时期，人民的生活还是多灾多难。

河南巩县的石窟寺，山东的响堂山、千佛山，都有北齐以来的造像，杭州石屋洞有吴越至宋初的造像，此外，敦煌、麦积山、须弥山都有佛窟，也都有铭记文字，还很少见拓本。西

北魏《始平公造像》拓本局部

北魏《杨大眼造像》拓本局部

北各地和四川、西藏，肯定还有许多未发现的石窟，也可能有造像题刻。估计这一类石刻文字，实际存在的数量，一定大大地超过现在已知的数量。

不知从什么时候起，佛像不刻在山壁上了。有一种所谓“四面像”，是一块正方形石头，上面稍狭，下面稍广，每面刻一个佛龛，佛座上刻有铭记。或者两面刻佛龛，两面刻铭记。这种佛像石刻，我在初收得拓本时，还不知道它们用在什么地方。1982年在山西沁县博物馆两廊看到从各处佛寺道院中收集来的四面像，一块一块堆起来，或五块，或七块，成为一根石柱，于是才明白它们是寺院里的一种法物，类似经幢或灯台。也许曾被认为塔的变形，所以有的造像铭记云：某年某月某日某某“为亡亲造浮屠一区”。浮屠就是塔，一区就是一块，七块方石堆起来，就成为七级浮屠。每家出钱雕刻一块，七家就可以造成一座石塔。这种石塔，大概在北方多得是，南方却未见。古董商人分别偷去，拓本牟利，题名为“四面像”。只见拓本而未见实物的金石学者，往往不知道它们的用处。

近年来，我发现这种石柱形的四面像起源于石窟中的中心塔柱。凡是开凿大型石窟，必须留出一两根石柱，以支撑窟顶，防止塌落。这种石柱也是正方形的，分成三截或五截，每截的四面均刻佛像。这种石柱是整条山石与窟顶连接，虽然分为几截，其实不能分离。这一形式的造像石刻，被模仿来用在寺院里，就成为一方一方可装卸的四面像了。

石窟中的佛像，无论坐像或立像，其背部都和石壁连接，整个佛像无法移动。从清代嘉庆、道光年间开始，有了盗卖石佛的“古董鬼”，他们雇用巧手石工，从洛阳龙门山的许多小佛龛开始，把整块山石凿走。雕刻最精的、完整的，多数卖给洋人，成为欧美、日本博物馆或私家的藏品。后来，变本加厉，索性连巨大的佛像也被盗凿了整个头部。龙门山上最精美的造像几乎都被盗凿了。此外，各地著名石窟也都有此情况，旅游者常常可以看到被凿的痕迹。

中型的石窟佛像，也有整个被盗的。大约如人体那么高的石像，背部有斧凿痕，并不光致的，可以肯定是从石窟中盗凿下来的。我很佩服这些石工的本领，他们能把六七尺高的佛像从石壁上剥离下来，正面看毫无损坏，这可不是容易的工作。

有一种小型的石刻佛像，大约是供养于家庭佛堂中的，带佛龛的一般高不过四五十厘米，不带佛龛的坐像或立像不过二三十厘米。这种造像的铭记大多刻在佛背上，如南齐的维卫尊佛（在绍兴）、梁释慧影造像（今在上海历史博物馆）和梁陈宝齐造像。不过南朝石佛不多，已见著录者大多是北朝或隋唐间制作。这种石像一般仅有铭记拓本流传于世。佛像全形，不易模拓，较为少见。20世纪20年代，洛阳出土了一尊杜山威兄弟造观音像，唐代武后天授二年（691）所造。这是一尊等身像（与人体高大相等的），铭文三百余字，刻在像背，书法极工妙。这是近代出土的造像精品，可惜已陈列在美国博物馆，国内连铭文拓本也不易得了。

另外有一种造像碑，用碑的形式来雕刻佛像。碑石高广不一，厚度常为二十厘米上下。碑的正面上方刻佛龛和佛像，一般都是一佛二菩萨，或加刻供养人像。佛龛上方是碑额地位，上圆下方，刻满了螭龙、鸟兽、日月、星辰，或花草人物，作为装饰艺术。佛龛下方，即碑的下半截，正中刻铭记，有书法很优美的。这种造像碑往往是合村合族人集资雕造，舍在寺院中永充供养，故出钱的人以及他们的家属，名字都要刻上去。因此，碑面铭记两旁，左右碑侧和整个碑阴，都刻满了清信士、清信女的姓名。这种造像碑的拓本，全份都有四纸，两纸大的是碑面和碑阴，两纸狭长的是左、右两个碑侧。也有光拓碑面，而不拓阴侧的，就不是全拓了。北魏太和二十年（496）的《姚伯多造像碑》、正光□年的《锜麻仁造像碑》，西魏大统六年（540）的《丘始光造像碑》，都是著名的大型造像碑，雕刻精美。姚伯多、锜麻仁和另一个锜氏造像碑现在耀县博物馆，丘始光大约已出国了。

道教徒也模仿佛教徒，雕造各式石像，不过他们造的是老君像、道君像或天尊像。北周时，曾禁止佛教，唐代以道教为国教，故道家的造像石刻多为北周和唐代的制作。上文所提到的佛教造像的多种形式，在道教造像中也都有。不过，像云冈、龙门那样的大型石窟造像，属于道家的似还未见。

石刻造像的拓本共有三种，过去的著录统称“造像”，不够明确。我的碑目中，给它们分别定名：（1）凡是仅拓铭记而不拓佛龛、佛像的，称为“造像记”。例如一般所谓《龙门造像二十品》，今改正为《龙门造像记二十品》。（2）凡佛龛、佛像和铭记全形拓出的，称为“造像”。例如陈簠斋所拓隋侯延造像，李嘉福所拓梁慧影造像。（3）凡有三纸或四纸的碑式造像，称为“造像碑”，要注明所得拓本纸数是否完全。这样著录，一看名目就可知实物形状。我建议文物工作者能采用这个办法。

十二　唐碑

唐代是我国文学艺术最繁荣的时代，也同样是碑版石刻最繁荣的时代。今天我们所拥有的古代石刻文字，仍以唐代的资料为最多。石壁上的摩崖文字，陵墓祠庙前的石刻记传，地下埋藏的墓志，山巅水涯的题名题诗，造像、经幢的民间记叙，几乎普及全国各地。

石刻文字的主体是碑。碑的主体是陵墓碑和祠庙碑。这种碑刻的风气开始于东汉，大约由于开采山石的技术还不够，汉碑都不很高大。魏晋南北朝的碑，逐渐高大。到了唐代，碑版本身，刻碑文的部分，已发展到高200厘米以上、宽140厘米以上的巨型石刻。碑额之上再加华盖，碑座也愈益高大精工。一座唐碑，本身已成为一件雄伟的石雕艺术品。现在我们还可以在西安碑林看到许多著名的唐碑，不过它们已被集中陈列在屋子里，有些已失去了碑座、碑头，丰碑巨刻的宏大气魄，已大为减色。幸而还有一些丰碑仍在原地，例如昭陵的《李勣碑》、乾陵的《述圣颂》、嵩山的《圣德感应颂》，都还能使旅游者看了惊叹唐人的雄伟气魄。可惜一块最大的唐碑已被黄巢烧毁，那就是唐玄宗李隆基写的《华山铭》。华山之神，唐代封为“金天神”，历代帝王祭祀五岳四渎，以华山为最重要，因为近在都城，皇帝便于亲临致祭。华山庙中，有汉代的《西岳华山庙碑》，也是汉碑中最大的一块，有北周赵文渊写的《华岳颂》，也很高大。唐玄宗好大喜功，要刻一块更大的碑，于是亲自写了一篇《华山铭》（或称《华岳庙碑》），刻成一块冠绝古今的大碑，安置在华岳庙中。据说这块碑有四丈多高，后来黄巢起义时烧毁华山庙，这块碑也被烧坏，到现在只剩一小部分，文字几乎全部磨灭，听说只可见四个字了。不过这块碑，虽然号称唐代第一，据唐人的记录，是用几块大石砌起来的，像南京的《天发神谶碑》一样。如果这个记录不误，那么，我以为也不足夸耀，我见到过的整块唐碑，恐怕还应当以嵩山的《圣德感应颂》为最大。

唐太宗李世民对他的同袍将士极有感情，他生前就规定：如果他部下的功臣大将死后，一定要葬在他的陵墓左右，从此定下了文武功臣的陪陵制度。唐太宗的墓称为昭陵，陪葬昭陵的功臣将相，外加妃嫔、公主，总计有一百多人，每人墓前都有碑。昭陵区域，本身就是一所大规模的碑林。这许多初唐名人的墓碑，现在只存三四十块，而且都已残损。从前打碑人成套出售拓本，称为“昭陵全拓”，清晚期拓本还有四十种，民国初年的“全拓”只剩二十六种了。

以后的唐代皇帝，德业不够，君臣之间没有深挚的情谊。皇帝既不要人陪葬，臣子们也不愿陪葬。因此，陵园周围不再有陪葬将相的墓碑。

唐人讲究书法，以写字著名的人很多。唐碑上都刻有撰文和书丹人名，这是汉碑所没有的。初唐时，写碑文的名家有褚遂良，虞世南，王知敬，欧阳询、欧阳通父子，薛稷、薛曜兄弟。盛唐时，有颜真卿、李邕、蔡有邻、韩择木、梁升卿、徐浩。中晚唐有柳公权、沈传师、裴璘、唐玄度、刘禹锡，他们每人都写过不少碑文。李邕一生写了三十多块碑，颜真卿写的石刻文字有九十多种，史惟则的隶书碑有四十多块，柳公权写的碑有六十多种。这几位书法大家的字迹，一向受人珍护，可惜许多石刻名迹至今存者无多。

汉碑以隶书为多，篆书石刻，至今不足十种。北朝碑刻，都是隶法初变的楷书。南朝碑，在齐梁时已用楷书，开唐楷之先河。唐代碑刻，具备了各体书法。唐太宗李世民首先用行草书写碑，他写的碑，今天还可见太原的《晋祠铭》、余杭

唐太宗李世民像

的《屏风碑》。骊山的《温泉铭》原石早已亡失，但敦煌石室中藏着一份唐拓本，现在有影印本流传。有一个和尚怀仁，费二十多年精力收集王羲之的字，凑合成一篇太宗御制《圣教序》，刻为碑版，称为《集王书圣教序》，尤其是著名的草书唐碑。这块碑现在西安碑林。唐代草书名家张旭、怀素，都有几块石刻在碑林，但那是帖，而不是碑。

唐太宗提倡王羲之的行草书，用草书写碑，开了一代风气。唐玄宗李隆基却提倡隶书，他自已写得一手优美的汉隶。他一共写了三十多块碑，现在还存有大约十块。泰山上的摩崖刻《泰山铭》，是他的大手笔。在他的影响之下，开元、天宝年间，出了许多隶书名家，如蔡有邻、韩择木、史惟则等。他们的隶书已有新的变化，后世称为“唐隶”。同时，也有人在恢复魏隶，如戴千龄写的《北岳安天王铭》，宛然是《受禅表》《公卿将军上尊号奏》的面目。

李阳冰是唐代篆书名家。他自负不浅，自夸说：“李斯以后，篆法直接传到我。”在天宝、大历年间，他写刻过许多篆字碑，又为许多著名的碑题写碑额。他的碑刻，见于著录的就有三四十种，现在仅存《迁先茔记》《三坟记》《缙云县城隍庙记》等六七种。此外，袁滋和瞿令问也以篆字著名。袁滋有《轩辕铸鼎原铭》，瞿令问有《阳华岩铭》，这是仿《三体

唐《温泉铭》传世摹刻拓本局部

唐《碧落碑》拓本局部

石经》用大篆、小篆和隶书三种字体写的，在唐碑中也是一种特异的石刻。另外还有一块不署名的人写的《碧落碑》，也是鼎鼎大名的唐碑。这块碑的篆字写得十分怪异，无人识得，以致后人不得不在碑阴刻上一篇用正楷写的释文。

唐碑书法的正宗还是正楷书。从魏晋南北朝以来，汉隶逐渐演变成楷书，楷书的字形结构统一于唐代，所以在书法史上有秦篆、汉隶、唐楷之称，这是中国文字书法演变的三个重要阶段。我们从初唐几位书法名家的字迹上，还可以看出各人笔法的渊源。褚遂良的《伊阙三龛记》和包文该的《兖公颂》，是被康有为认为继承北魏隶楷的唐楷，而虞世南、欧阳询等人的笔法却来自南朝。其区别在于笔势的刚柔，波磔的方圆。盛唐以后，这种区别日渐融合，于是书家取径于笔画结构的肥瘦。颜真卿、苏灵芝愈写愈肥，柳公权用颜真卿笔法而减缩其肥硕。薛稷兄弟的瘦劲，演变而成宋徽宗赵佶的瘦金体。这样，在统一的唐楷之中，每位书家仍然有各自的风格。

现代有志于书法的青年，学写篆书必临摹《峄山碑》，学写隶书必临摹《礼器碑》《曹全碑》，学写草书必临摹怀仁《圣教序》，学正楷的必临摹虞、褚、欧阳和颜、柳诸家的碑版，都是取其可以为一代书法的正宗。

唐《伊阙三龛记》拓本局部

汉《曹全碑》拓本局部

十三　唐墓志、塔铭、经幢

墓志也是唐代石刻的重要部分。刻石志墓的风气开始盛行于北魏。东魏、北齐，现已出土的墓志亦不少。唐代国祚长久，已出土的墓志，数量远远超过北朝。宋人编的《宝刻丛编》已著录了不少唐代墓志，可知唐墓志在宋代已有出土。可惜当时没有人记录全文，至今只知道一个名目。其中最使我惋惜的是诗人温庭筠的墓志，如果有全文录存，我们就可以更多、更翔实地知道这位诗人的生平事迹。夏承焘先生作《词人温飞卿年谱》，以不能考知他的卒年为憾。我据《宝刻丛编》的记录写信告诉他：温飞卿卒于咸通七年（866）。他非常高兴，记入他的《承教录》。这一件事，就说明了墓志的史料价值。

元、明二代，很少墓志出土，或者是没有记录。明代末年，西安农民掘出一块唐人墓志石，题名为《王居士砖塔铭》，楷书非常优美。书写者署名“敬客”，也不知是否姓敬

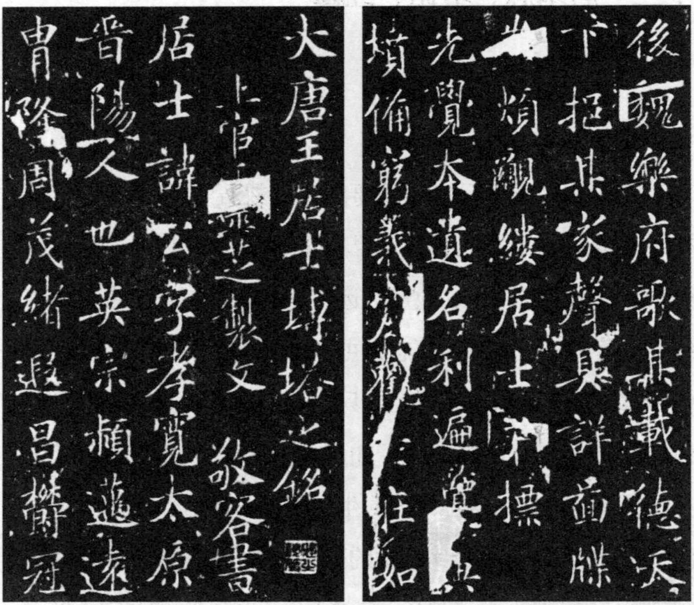

唐《王居士砖塔铭》拓本局部

名客。这块志石发现时已裂为三块，后来又裂成五块，最后又裂成七小块，拓本行销大畅，为许多人作为学字的临本，有三石初拓本、五石本、七石本的区别，这是唐墓志拓本的最煊赫时期。清代嘉庆、道光以后，尤其是近百年来，魏、唐墓志大量出土，字迹比《王居士砖塔铭》更好的不知多少，故《王居士砖塔铭》的身价也低落了。

初唐、盛唐时期的墓志，都是从高坟巨冢中盗掘出来，大多是豪门贵族的墓志，志石巨大，雕镂极精，保持北魏墓志的规格。字迹也精美，往往出于著名书家，例如欧阳通写的《泉男生墓志》，尤其是唐墓志中的极品。因为欧阳通写的碑，现在仅存《道因法师碑》一种，是大楷，《泉男生墓志》是小楷，有此二石，欧阳通的书法，呈现了全貌。

中唐以后，出现了许多小墓志。志石高广不过三四十厘米，铭序文字有许多很不高明的，字法也有很草率庸俗的。志文所叙述的墓主也没有特殊的事迹，大约都是中产阶级的官吏文士或富商大贾。当时的社会风气，通行隆重出殡，《唐会要》记载唐代的丧事仪礼，出殡的队伍中有“志石亭”，可知墓志石应在出殡时装在一个彩扎的亭子里公开送到墓穴。这样一来，人家办丧事就非有墓志不可了。大约这种风气，中唐以后普遍流行于民间，因而出现了许多粗制滥造的小墓志。这种墓志的拓本，碑估称为“小唐墓志”，新中国成立以前，碑估以十张或二十张为一份，售价不过两元。

到现在为止，已出土的唐墓志，有公开记录的，数字已超过四千。还有各省市文管会仓库中堆积着的秘而不宣的志石，数量亦必不少。河南张钫一人就拥有唐墓志石千块以上，题其藏石处曰“千唐志斋”。这批墓志保存完好，听说将由中州古籍出版社印出其全部拓本。腾冲李根源收藏唐墓志93石，已由齐鲁书社将拓本全部印出，其中最引人注意的是诗人王之涣墓志。徐乃昌亦收藏唐墓志十余石，吝惜传流拓本，故外人不甚知其名目。其最有关历史文献的一块是《高霞寓墓志》，我收碑二十年，从未见其拓本。现在原石已归华东师大图书馆，我还是没有得到拓本。

在墓碑和墓志之间，唐代出现了一种“塔铭”。和尚、尼姑死后，都用火葬（教中称为“荼毗”），造一个塔形的墓，将骨灰安放在塔中。另外刻一块方形或长方形的志铭，砌在塔的正面。塔铭不是墓志，因为它不埋在地下；塔铭也不是墓碑，因为它并不离开坟墓而独立。但塔铭的文字却和墓志一式。从拓本看来，并无区别，不过它们很少是正方形的。一般收藏家都把塔铭归入墓志一类。在家修行的居士或信佛的妇女，死后也有用火葬的，《王居士砖塔铭》《夫人程氏塔

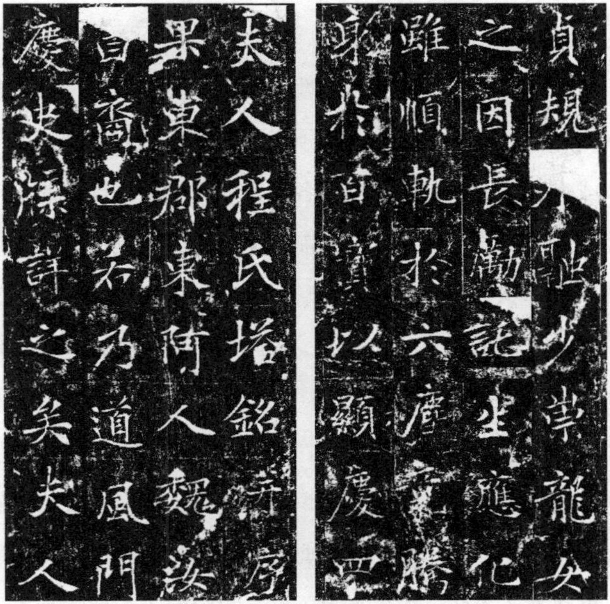

唐《夫人程氏塔铭》拓本局部

铭》，即其一例。《夫人程氏塔铭》字迹也极好，与《王居士砖塔铭》齐名，被称为“小砖塔铭”。这种塔大多是用砖砌的，故称砖塔，又称“灵塔”，宋元时又称“灰身塔”，一般通称为僧塔。这种塔几乎每一所古寺里都有，而以少林寺的塔林为大观。

经幢也是盛行于唐代的佛教石刻。一般形式是一根六角形或八角形的石柱，上有宝盖，下有莲花座，竖立在佛殿或山门前，或大道口、驿亭旁。柱上各面刻的是佛经，最多的是《金刚经》或《陀罗尼经》。经文前有序言，后有施财立幢人题名及书手刻字人姓名。这种经幢，文字内容既无史料、文献价值，书法也不是出于名家手笔，故向来无人重视，清代以前的石刻著录，都不收经幢。

唐代还极少有木版刻印的书本，几乎所有书籍都是手写本。有一些没有取得功名的知识分子，靠写书卖钱过活。他们写的大多是儒、释、道三教经典，故称为“经生”。一般的经生，书法都还不坏，如果写得不好，也没有人买他的写本了。不过现存敦煌卷子中，有许多字迹非常幼稚、拙劣，可能是由于远在西陲，寺院里雇不到高手抄写经文。至于中原及吴越地区的经幢，书法有非常高明的。我藏有绍兴上福寺的陀罗尼经幢拓本，奚虚己书，笔迹也不在王行满、欧阳通之下。只因为经生的社会地位不高，遂为士大夫所轻视。清晚期的碑版学者叶昌炽（鞠裳）大为经生书法抱不平，蓄意收藏各地经幢拓本，积有五百余种之多。他的书斋名就称为“五百经幢馆”。1956年，我在上海古籍书店的碑帖部见到四大捆拓片，检视之后，都是经幢，有叶氏藏印，间有叶氏题跋，才知就是叶家散出来的五百经幢全份拓本。当时我无力收购，失之交臂。过了一个多月，去向营业员询问这批拓片的下落，据说上海无人买，已运到北京琉璃厂，不知最终落入谁手。

帖刻也起于唐代。唐以前，一切石刻文字都可以称为碑；唐以后，就有碑和帖的区别。唐太宗爱好王羲之的书法，把《兰亭序》模刻在一块玉版上，以拓本赏赐群臣。得到这个拓本的人，又钩摹下来刻在枣木版上或石版上，也分别有拓本流传。这种木刻或石刻文字，称为“帖刻”，而不是“碑刻”。秦始皇的《峄山刻石》，在唐代就有枣木翻刻本。从原石上打下来的拓本，称为“碑本”，从枣木版上打下来的拓本，只能称为“帖本”。怀仁集王羲之字刻的《圣教序》，从这篇碑文的作用来定名，这是一块“碑”；但是从字迹书法的作用来定名，应该说它也是一种“帖”。

有人说：横条石刻的是帖，竖立石刻的是碑，这一区别，只能适用于宋代以后。因为从《淳化阁帖》以后，历代帖刻都是用横条石刻的，但少林寺塔林中有些唐代高僧的塔铭，也是用横条石刻的，难道可以说是帖吗？总之，碑和帖的区别，很难下一个简单的定义。我以为，主要的区别在于所刻文字的作用及时代。凡是模刻古代或当代名人的字迹，目的是供人学习书法，这是帖；凡是模刻当代的史料、传记、诗文，目的是为了保存文献，传示后世，这是碑。但是，碑文的拓本，剪裱成册子，以供书法临写的，现在也通称为帖子了。一般人只说临帖，不说临碑。

〔**附记**〕本文实为《唐代石刻文》的下半篇。因全文较长，故分为两篇，另加标题。作者记。

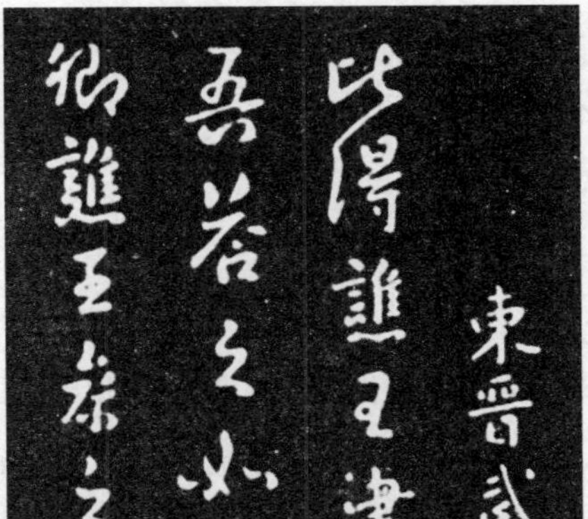

宋《淳化阁帖》中梁武帝书

十四　金石小品

金石学本来只是以三代青铜彝器铭文和历代石刻碑版文字为研究对象。但是，随着古代文物大量出土，金属文物已不限于三代彝器，石刻文物也扩大到与它们相邻的品种。于是金石研究的对象愈来愈多，金石学的领域也愈来愈广。现在谈一些近一二百年来新加入金石学的古代文物，因为它们都是小件，故名之曰“金石小品”。

古兵　古代的兵器都刻有铭文，记制造者或使用者的人名，或国名、军队名。商周战国时代的刀剑，在汉魏时早已有人在古战场上发现。梁代的陶弘景写了一本《古今刀剑录》，是古代兵器的最早记录。宋人的《考古图》《博古图录》《薛氏钟鼎款识》，也兼收古代兵器，品种扩大到汉代的弩机。

诏版　秦始皇统一全国度量衡制度，在秦代的度量衡器具上，都刻有始皇帝的诏书。或者把诏书全文铸成一块铜板钉在器具上。这种东西称为“诏版”。此物在宋代已有人见到，到了清代，出土渐多。于是收集秦诏版，一时成为金石学的热门。

汉魏铜器 汉代贵族的日用铜器，制作非常精美。宋人已有所得，争相宝藏。《薛氏钟鼎款识》的最后三卷就是“汉器”，记录了当时所得汉器四十二件，其中有鼎、炉、灯、壶、洗（脸盆）等物。清代阮元的《积古斋钟鼎款识》有《秦汉魏晋器》二卷，记录了九十七件。汉铜器的铭文，大多记器物的重量、制造工师的姓名和器物所在地，如“上林宫”“长信宫”之类。这些铭文，都用扁方形篆书，字小而精，特别为篆刻家所注意。

古镜 汉代的铜镜，唐宋时已有出土。在偏僻的地区，甚至还在民间使用，故不为学人所重视，清代中叶以后，汉镜出土日多，于是收藏古镜，一时成为新的文物癖好。从汉镜到唐镜，又从唐镜扩大到宋、元、明镜。嘉庆二年（1797），钱坫的《浣花拜石轩镜铭集录》二卷，是第一部记录古代铜镜铭文的书。以后有梁廷枏的《藤花亭镜谱》八卷（道光二十五年，1845），罗振玉的《古镜图录》三卷（民国五年），徐乃昌的《小檀栾室镜影》六卷（民国二十五年）。罗振玉还有《镜话》一卷和《古镜铭集》一卷，收在《辽居杂著》中。从此，

殷墟妇好墓出土商代铜镜

太平天国钱币

古镜也进入金石著录了。

古泉　宋人洪遵写了一本记录历代钱币的书，名曰《泉志》（“泉”是“钱”的古体），钱币作为历史文物，而被重视、被珍赏，由此开始。明、清两代，收集各时代，甚至各国的钱币，也成为风气。但当时所收集到的，最古只是战国时齐国的刀币，或秦汉半两、五铢钱，或王莽时的货布。近百年来，发掘的文化堆积层愈深，已有大量的商周布币、圜化出土，使我国的货币史大大推前。

收集古钱，有人喜欢专收一个朝代的钱币，以收全为目的。宋代以后，每一代皇帝的年号都铸在钱币上，故宋、元、明、清四代的钱币都可以有全套，收全却不容易。例如明末的弘光钱、永历钱，所铸数量既不多，行用地区又不广，这一类钱币，至今已极难得了。也有人专收伪政权的钱币，例如伪齐张邦昌的阜昌钱；或政权不长久，行用地区也限于局部的钱币，例如韩林儿的龙凤钱、洪秀全的太平天国钱。直到现在，收集古钱，和收集邮票一样，成为青年人的文化娱乐。

符牌　《积古斋钟鼎款识》记录了两件汉代发兵用的铜虎符。这就是《史记·信陵君传》中所讲到过的兵符。这两件实物发现之后，我们才见到它的制作形象。后来，各种兵符出土渐多，从汉代到隋代，发兵都是用虎符为凭信的。到了唐代，发兵不用虎符了，另有一种铜制的鱼符和龟符，用作出入宫禁的凭信。宋代以后，不用符，而改用牌子。有铜牌，有牙牌；有圆形的，有长方形的。凡出入宫禁的文武官员，或奉军事调动的将士，都必须随身挂带牌子。符与牌，名称不同，作用一样，故总称为“符牌”，属于金石文物中的一个品种。瞿中溶有《集古虎符鱼符考》一卷，是关于符牌的第一本专题研究。罗振玉有《历代符牌图录》二卷，是第一本符牌拓本的谱录。

古印　古代铜印也逐渐地进入了金石学领域。古印有两种：一种是私人用印，印文是人姓名；另一种是官印，印文是职官名。历史学者重视官印，篆刻家喜欢私印，各取所需。近百年来，汉印以前，已发现了秦鉢（玺）和战国印信，汉以后，历代官印出土尤多。由铜印引申到玉印、牙印、木印、泥印（封泥），于是金石学研究又多了一个门类：“玺印”。清代陈介祺收藏古印一万余枚，名其斋曰“万印斋”。又将他所有古印编为《十钟山房印举》，至今还是古印谱的巨著。

石刻方面，我在前文已提到，碑的概念早已扩大到任何刻在石上的文字，因此，它只能向它的邻居发展，最近的邻居是匋（陶）器文字。

瓦当　首先被发现的是秦汉瓦当。瓦当是宫殿屋檐头那块筒瓦的底，有圆形的，那是覆瓦；有半圆形的，那是仰瓦。早

秦印

汉代官印

汉代“长乐未央”文字瓦当

期的瓦当，有花纹，无字；秦汉瓦当，有字的，仅有花纹的，都有。有字的，一般常是四个字的吉祥语，也有八字、十二字的，较少见。瓦当在宋代已有人记录，但还没有列入考古文物。清乾隆时，杭州人朱枫旅居关中，收集到许多瓦当，编了一部《秦汉瓦当图记》，于乾隆二十四年（1759）刻成，这是瓦当文的第一部图谱。从此以后，风气大开，文人学士，都喜欢收集几个瓦当，用来琢成砚台，名曰“瓦当砚”。既是古董，又是文房四宝之一，放在书桌上，十分古雅。于是农民耕地所得，半个筒瓦，只要圆底完整，就可以卖高价。如遇文字与众不同的新品种，尤其为人歆羡。朱枫以后，随时有人编录成书，连日本也编过瓦当图录。新中国成立以来，瓦当图录已出版了四五种，以1965年陕西博物馆编印的《秦汉瓦当》为最好，此书收瓦当一百三十七品，有极罕见的。

瓦当以有字者为贵，无字者不为学人所重。文字一般都是四字，因为每一个字的地位恰是圆形的四分之一，故一边圆，两边方。每一个字要适应这样的空间，于是用一种缭绕曲折的篆字来书写。这种篆体被称为“缪篆”，是石刻碑版上所见不到的。篆刻家最有兴趣向瓦当文中学习篆法。

匋量 瓦当以后，发现了秦代的匋量。量是量谷物的容器，故四周有始皇帝的诏书，用木刻篆文印捺在匋坯上，入窑烧成。这些文字，分明是秦代人写的李斯小篆，它与泰山、琅邪山始皇刻石纪功文同样名贵。可惜此物出土都是碎片，只有黄濬得到过一个完整的，时在民国初年。此后，没有听说有谁获得第二个全器。

古匋 匋量以后，又发现了春秋、战国时代的匋器残片，往往有字。大约是造器者或用器者的人名，从一二字到十字不等。字迹与金文大篆不同，显然是民间的俗体书。因此，这种古匋文对文字学家极有研究价值。这种匋片，大多出于齐鲁原野，陈介祺所得最多，至数千片。

古专（砖） 在江南，湖州、海宁、绍兴各地，于嘉庆年间，发现了许多南朝墓专（即砖），以东晋专为最多。当时民间风俗，士大夫以上治葬做坟，必用特别烧造的墓专。这种墓专坚牢厚重，两侧都有文字，记治葬年月和墓主名字，或治葬子孙名字。这种墓专在宋代早已有人见到，不过未被重视。到清代嘉庆年间，张叔未、张燕昌、陈南叔、陆心源诸人大量收购，于是古专也进入了金石研究的领域。陆心源收藏至八百余块，作《千甓亭古专图录》二十卷，为之记录。他的这许多古专，大部分在浙江博物馆。

中州汴洛一带也是古墓专出土很多的地区。不过大多是罪犯的葬专，只记人名及死亡的年月，全是用刀刻画成字，故只有一块，没有同样的。这种专刻，文字无足取，但时代却早于江南的墓专，大多是东汉时代的。

另外还有一种长方形墓专，两面刻着简单的墓志铭，大多出于江南晋宋人墓中。因为当时禁止刻石立碑，故改用土专。这种古专，称为“专志”，归入墓志类。南宋时出土的有著名的王羲之《保母专志》，近年来南京地区也发掘到不少。

新疆高昌古城也发现过一批专志，其文字不是刀刻的，而是用朱笔写的，出土后容易漫灭，故存者不多。黄文弼编过一本《高昌专集》，罗振玉编过一本《高昌专录》，为这些古专留下了记录。

甲骨　现在我们必须讲到甲骨。甲是龟甲，即乌龟的甲壳，又称龟版。骨是牛胛骨。商代的王公贵族请史官占卜休咎，要把卜辞刻在龟版牛骨上，存入祖庙，以保存记录。这种有文字的甲骨，都在河南安阳出土。安阳是殷商的都城，故称为“殷墟”。当地农民早已发掘到这种甲骨片，不知是什么东西，拿来卖给药店里冒充龙骨。光绪二十四年（1898），有人带到天津，为考古学者王襄、孟定生所见到，认定是一种古代文物，名之曰“古简”。次年，有古董商携带一批甲骨到北京，王懿荣、端方、刘鹗（《老残游记》作者）争相收购，于是甲骨文字的研究成为文物考古的一门新学科。

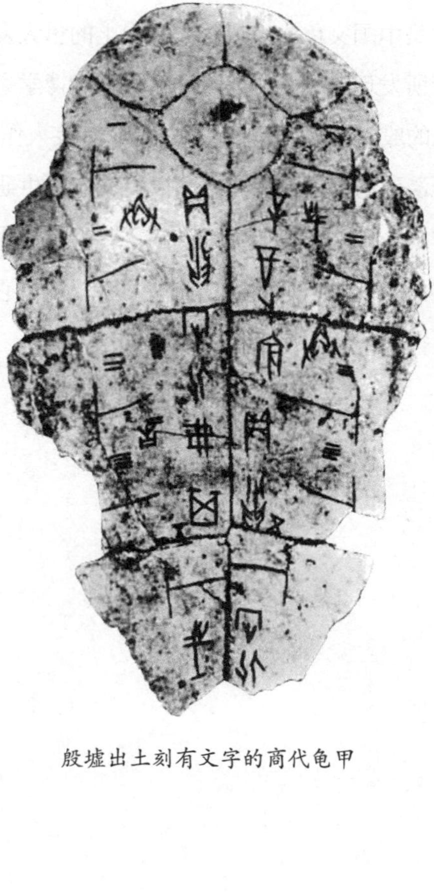

殷墟出土刻有文字的商代龟甲

甲骨文字，还在彝铭的大篆以前，秦汉以来，一向无人见过。许慎《说文》中引用的所谓“古文”“奇字”，似乎也只是大篆的早期书法，还不像甲骨文字那样简单。因此，甲骨文字的发现，是中国文化史、语言文字史上的重大发现。当它们最初被学者所发现的时候，以章炳麟那样的博学之士，还不信它们是真正的殷商文字，而坚决地排斥之为妄人作伪。

本文所谈到的都是小件文物，以有文字可供研究者为限，其没有文字的，则是文物研究的资料了。唯有甲骨虽是小件，但甲骨文字的研究已自成大图，有些学者已不把它列入金石学的领域了。

国家新闻出版广电总局

首届向全国推荐中华优秀传统文化普及图书

‖大家小书书目

国学救亡讲演录	章太炎 著 蒙 木 编
门外文谈	鲁 迅 著
经典常谈	朱自清 著
语言与文化	罗常培 著
习坎庸言校正	罗 庸 著 杜志勇 校注
鸭池十讲（增订本）	罗 庸 著 杜志勇 编订
古代汉语常识	王 力 著
国学概论新编	谭正璧 编著
文言尺牍入门	谭正璧 著
日用交谊尺牍	谭正璧 著
敦煌学概论	姜亮夫 著
训诂简论	陆宗达 著
金石丛话	施蛰存 著
常识	周有光 著 叶 芳 编
文言津逮	张中行 著
经学常谈	屈守元 著
国学讲演录	程应镠 著
英语学习	李赋宁 著
中国字典史略	刘叶秋 著
语文修养	刘叶秋 著
笔祸史谈丛	黄 裳 著
古典目录学浅说	来新夏 著
闲谈写对联	白化文 著
汉字知识	郭锡良 著
怎样使用标点符号（增订本）	苏培成 著
汉字构型学讲座	王 宁 著

诗境浅说	俞陛云　著
唐五代词境浅说	俞陛云　著
北宋词境浅说	俞陛云　著
南宋词境浅说	俞陛云　著
人间词话新注	王国维　著　滕咸惠　校注
苏辛词说	顾　随　著　陈　均　校
诗论	朱光潜　著
唐五代两宋词史稿	郑振铎　著
唐诗杂论	闻一多　著
诗词格律概要	王　力　著
唐宋词欣赏	夏承焘　著
槐屋古诗说	俞平伯　著
词学十讲	龙榆生　著
词曲概论	龙榆生　著
唐宋词格律	龙榆生　著
楚辞今绎讲录	姜亮夫　著
读词偶记	詹安泰　著
中国古典诗歌讲稿	浦江清　著 浦汉明　彭书麟　整理
唐人绝句启蒙	李霁野　著
唐宋词启蒙	李霁野　著
唐诗研究	胡云翼　著
风诗心赏	萧涤非　著　萧光乾　萧海川　编
人民诗人杜甫	萧涤非　著　萧光乾　萧海川　编
唐宋词概说	吴世昌　著
宋词赏析	沈祖棻　著
唐人七绝诗浅释	沈祖棻　著
道教徒的诗人李白及其痛苦	李长之　著
英美现代诗谈	王佐良　著　董伯韬　编
闲坐说诗经	金性尧　著
陶渊明批评	萧望卿　著

古典诗文述略　　吴小如　著

诗的魅力
——郑敏谈外国诗歌　　郑　敏　著

新诗与传统　　郑　敏　著

一诗一世界　　邵燕祥　著

舒芜说诗　　舒　芜　著

名篇词例选说　　叶嘉莹　著

汉魏六朝诗简说　　王运熙　著　董伯韬　编

唐诗纵横谈　　周勋初　著

楚辞讲座　　汤炳正　著
汤序波　汤文瑞　整理

好诗不厌百回读　　袁行霈　著

山水有清音
——古代山水田园诗鉴要　　葛晓音　著

红楼梦考证　　胡　适　著

《水浒传》考证　　胡　适　著

《水浒传》与中国社会　　萨孟武　著

《西游记》与中国古代政治　　萨孟武　著

《红楼梦》与中国旧家庭　　萨孟武　著

《金瓶梅》人物　　孟　超　著　张光宇　绘

水泊梁山英雄谱　　孟　超　著　张光宇　绘

水浒五论　　聂绀弩　著

《三国演义》试论　　董每戡　著

《红楼梦》的艺术生命　　吴组缃　著　刘勇强　编

《红楼梦》探源　　吴世昌　著

《西游记》漫话　　林　庚　著

史诗《红楼梦》　　何其芳　著
王叔晖　图　蒙　木　编

细说红楼　　周绍良　著

红楼小讲　　周汝昌　著　周伦玲　整理

曹雪芹的故事	周汝昌　著　周伦玲　整理
古典小说漫稿	吴小如　著
三生石上旧精魂——中国古代小说与宗教	白化文　著
《金瓶梅》十二讲	宁宗一　著
古体小说论要	程毅中　著
近体小说论要	程毅中　著
《聊斋志异》面面观	马振方　著
《儒林外史》简说	何满子　著

我的杂学	周作人　著　张丽华　编
写作常谈	叶圣陶　著
中国骈文概论	瞿兑之　著
论雅俗共赏	朱自清　著
文学概论讲义	老　舍　著
中国文学史导论	罗　庸　著　杜志勇　辑校
给少男少女	李霁野　著
古典文学略述	王季思　著　王兆凯　编
古典戏曲略说	王季思　著　王兆凯　编
鲁迅批判	李长之　著
唐代进士行卷与文学	程千帆　著
说八股	启　功　张中行　金克木　著
译余偶拾	杨宪益　著
文学漫识	杨宪益　著
三国谈心录	金性尧　著
夜阑话韩柳	金性尧　著
漫谈西方文学	李赋宁　著
历代笔记概述	刘叶秋　著
周作人概观	舒　芜　著
古代文学入门	王运熙　著　董伯韬　编
有琴一张	资中筠　著

西与东	乐黛云　著
新文学小讲	严家炎　著
回归，还是出发	高尔泰　著
文学的阅读	洪子诚　著
中国文学1949—1989	洪子诚　著
鲁迅作品细读	钱理群　著
中国戏曲	么书仪　著
元曲十题	么书仪　著
唐宋八大家 ——古代散文的典范	葛晓音　选译
辛亥革命亲历记	吴玉章　著
中国历史讲话	熊十力　著
中国史学入门	顾颉刚　著　何启君　整理
秦汉的方士与儒生	顾颉刚　著
三国史话	吕思勉　著
史学要论	李大钊　著
中国近代史	蒋廷黻　著
民族与古代中国史	傅斯年　著
五谷史话	万国鼎　著　徐定懿　编
民族文话	郑振铎　著
史料与史学	翦伯赞　著
秦汉史九讲	翦伯赞　著
唐代社会概略	黄现璠　著
清史简述	郑天挺　著
两汉社会生活概述	谢国桢　著
中国文化与中国的兵	雷海宗　著
元史讲座	韩儒林　著
魏晋南北朝史稿	贺昌群　著
海上丝路与文化交流	常任侠　著
中国史纲	张荫麟　著

两宋史纲	张荫麟　著
北宋政治改革家王安石	邓广铭　著
从紫禁城到故宫 ——营建、艺术、史事	单士元　著
春秋史	童书业　著
明史简述	吴　晗　著
朱元璋传	吴　晗　著
明朝开国史	吴　晗　著
旧史新谈	吴　晗　著　习　之　编
史学遗产六讲	白寿彝　著
杨向奎说上古史	杨向奎　著
司马迁之人格与风格	李长之　著
历史人物	郭沫若　著
屈原	郭沫若　著
舆地勾稽六十年	谭其骧　著
魏晋南北朝隋唐史	唐长孺　著
秦汉史略	何兹全　著
魏晋南北朝史略	何兹全　著
司马迁	季镇淮　著
唐王朝的崛起与兴盛	汪　篯　著
二千年间	胡　绳　著
论三国人物	方诗铭　著
考古发现与中西文化交流	宿　白　著
清史三百年	戴　逸　著
清史寻踪	戴　逸　著
走出中国近代史	章开沅　著
中国古代政治文明讲略	张传玺　著
艺术、神话与祭祀	张光直　著 刘　静　乌鲁木加甫　译
中国古代衣食住行	许嘉璐　著
辽夏金元小史	邱树森　著

中国古代史学十讲	瞿林东　著	
宾虹论画	黄宾虹　著	
中国绘画史	陈师曾　著	
和青年朋友谈书法	沈尹默　著	
中国画法研究	吕凤子　著	
桥梁史话	茅以升　著	
中国戏剧史讲座	周贻白　著	
中国戏剧简史	董每戡　著	
西洋戏剧简史	董每戡　著	
俞平伯说昆曲	俞平伯　著	陈　均　编
新建筑与流派	童　寯　著	
论园	童　寯　著	
拙匠随笔	梁思成　著	林　洙　编
中国建筑艺术	梁思成　著	林　洙　编
沈从文讲文物	沈从文　著	王　风　编
中国画的艺术	徐悲鸿　著	马小起　编
中国绘画史纲	傅抱石　著	
龙坡谈艺	台静农　著	
中国舞蹈史话	常任侠　著	
中国美术史谈	常任侠　著	
说书与戏曲	金受申　著	
世界美术名作二十讲	傅　雷　著	
中国画论体系及其批评	李长之　著	
金石书画漫谈	启　功　著	赵仁珪　编
吞山怀谷——中国山水园林艺术	汪菊渊　著	
故宫探微	朱家溍　著	
中国古代音乐与舞蹈	阴法鲁　著	刘玉才　编
梓翁说园	陈从周　著	
旧戏新谈	黄　裳　著	

民间年画十讲	王树村 著 姜彦文 编
民间美术与民俗	王树村 著 姜彦文 编
长城史话	罗哲文 著
人巧与天工 ——中国古园林六讲	罗哲文 著
现代建筑奠基人	罗小未 著
世界桥梁趣谈	唐寰澄 著
如何欣赏一座桥	唐寰澄 著
桥梁的故事	唐寰澄 著
园林的意境	周维权 著
万方安和 ——皇家园林的故事	周维权 著
乡土漫谈	陈志华 著
现代建筑的故事	吴焕加 著
中国古代建筑概说	傅熹年 著
简易哲学纲要	蔡元培 著
大学教育	蔡元培 著 北大元培学院 编
老子、孔子、墨子及其学派	梁启超 著
春秋战国思想史话	嵇文甫 著
晚明思想史论	嵇文甫 著
新人生论	冯友兰 著
中国哲学与未来世界哲学	冯友兰 著
谈美书简	朱光潜 著
中国古代心理学思想	潘 菽 著
佛教基本知识	周叔迦 著
儒学述要	罗 庸 著 杜志勇 辑校
周易简要	李镜池 著 李铭建 编
希腊漫话	罗念生 著
佛教常识答问	赵朴初 著

大一统与儒家思想	杨向奎　著
孔子的故事	李长之　著
西洋哲学史	李长之　著
哲学讲话	艾思奇　著
中国文化六讲	何兹全　著
墨子与墨家	任继愈　著
中华慧命续千年	萧萐父　著
儒学十讲	汤一介　著
汉化佛教与佛寺	白化文　著
传统文化六讲	金开诚　著　金舒年　徐令缘　编
美是自由的象征	高尔泰　著
论美	高尔泰　著
中华文化片论	冯天瑜　著
儒者的智慧	郭齐勇　著
中国政治思想史	吕思勉　著
市政制度	张慰慈　著
政治学大纲	张慰慈　著
政治的学问	钱端升　著　钱元强　编
民俗与迷信	江绍原　著　陈泳超　整理
乡土中国	费孝通　著
社会调查自白	费孝通　著
怎样做好律师	张思之　著　孙国栋　编
中西之交	陈乐民　著
律师与法治	江　平　著　孙国栋　编
经济学常识	吴敬琏　著　马国川　编
天道与人文	竺可桢　著　施爱东　编
中国医学史略	范行准　著
优选法与统筹法平话	华罗庚　著
数学知识竞赛五讲	华罗庚　著
中国历史上的科学发明（插图本）	钱伟长　著

出版说明

“大家小书”多是一代大家的经典著作，在还属于手抄的著述年代里，每个字都是经过作者精琢细磨之后所拣选的。为尊重作者写作习惯和遣词风格、尊重语言文字自身发展流变的规律，为读者提供一个可靠的版本，“大家小书”对于已经经典化的作品不进行现代汉语的规范化处理。

提请读者特别注意。

北京出版社